JN303398

自分の心がわかれば、相手の心も見えてくる

子どものための
エゴグラム・ロールレタリング実践法

杉田峰康　監修
春口徳雄
岡本泰弘　著

少年写真新聞社

はじめに
～学校教育の中でのエゴグラムの役割について～

　今日、交流分析は学校の中で、心の教育を行うサイコエデュケーションの一環として、いろいろな形で活用されるようになりました。特にエゴグラムは、自分について関心が向く思春期の子どもの心性にマッチするのでしょう。交流分析を学んだ教師やスクールカウンセラーがクラスで紹介すると、ほとんどの子どもが強い関心を示します。学校からも、自己理解、他者理解、また教師・児童生徒間の関係作りに役立つという評価が聞かれます。いくつかの学校において、学級集団を対象とした自己開発技法としてSEG（構成的グループ・エンカウンター）の手法が実践されていますが、エゴグラムがグループ内での自己紹介、意見交換、振り返り（感想文の記入）などの方法に応用され、見るべき成果を上げているという報告もあります。

　学校ストレスに交流分析がどのように活かせるでしょうか？

　交流分析理論の活用方法、児童生徒、保護者、さらには教師への援助方法の研究も行われております。また、心身医学の臨床の領域で、長年の研究の結果、ストレスが強く影響して起こる病気（心身症やうつ病）と個人の性格やライフ・スタイルとの関係がエゴグラムによってかなり明確に示されるようになりました。学業はもとよりクラブ活動などの友人関係をストレスと感じている子どもたちの指導においても、エゴグラムの役割が

注目されています。例えば、さまざまな身体症状を示す不登校児には"素直でよく勉強する良い子"のエゴグラムが多いのです。この一件矛盾する状態も、エゴグラムからは周囲の期待に過剰に沿おうとする性格と裏腹に、ストレスを受けやすいことがわかります。このような子どもたち（ときには教師）のストレス耐性を正しくとらえ、接し方を工夫するのに役立ちます。

　ある私立中学校の先生より、安定した親子関係が今日の学校教育の背景に欠かせないという考えから、保護者たちとの交流分析の勉強会を始めたいと申し出がありました。先生の努力が実を結び、学校の理念と交流分析がマッチするという理由で学校側の支援の下、勉強会の発足に至りました。先生は「子どもの心を理解しながら交流ができるよう、この勉強には、親がまず自分自身を知るためのエゴグラム（自己診断テスト）を行いますので、鉛筆をご持参ください」と呼びかけました。結果、1年生のほとんどの保護者が集まり、「とても参考になった」「来年もまた参加したい」という声が多く聞かれたそうです。今日この種の草の根的な動きが公立の学校にも見られます。

　交流分析では、病める子どもを援助するとき、教師の態度が決定的な要因になると考えるのです。この意味で交流分析を児童生徒操作の手段として学習するのではなく、自分に関する真実―自分でも気づいていない動機、生育暦の中で形成された他者否定的な構えなど―を知る方法としてエゴグラムを活用し、自己理解を深めていただければ幸いです。

杉田 峰康

発刊によせて

　ロールレタリング（ＲＬと略記）は少年の矯正教育、小・中学校でのいじめ・自殺防止、生と死の教育や道徳教育などに適用されています。
　さらに筆者らは、多重人格障害（解離性同一性障害）の治療において臨床を重ねています。
　ある小学校から「児童が授業中に机の下に潜り犬の鳴き声を出して、授業が騒然となり、その対応に苦慮しているため、相談に応じてほしい」と要請を受けました。校長、担任、養護教諭と協議し、ＲＬを導入したところ、4か月で落ち着きました。さらに、ほかの学校からも「中学生がリストカット、自殺未遂を繰り返し、記憶喪失や奇妙な別人格の出現から、多重人格の疑いがある」と知らせを受けました。この件では担任と養護教諭が連携して面接を行い、ＲＬと同じ技法で記録を取ったり、手紙を書かせたりして記憶の糸をつなぎ、自分の症状を自覚し、認知させたところ、やっと落ち着き、卒業にこぎつけ高校に進学したのです。
　こうした例から子どもたちの多重人格の発症について、早期発見と早期治療の大切さを実感したのです。
　これに関し、恩師杉田峰康先生（臨床心理学者）は「多重人格とは、まさにバラバラになった断片的な自己と不統合の状態で、何の統合も取れずに、それぞれの断片的な人格の一部が段階的に出ている状態と言える。これをどのように統合した人格に戻

していくかは、ＲＬが課題のひとつである」と言われています。

　文部科学省「中学校学習指導要領解説・道徳編」（平成20年9月）に「表現したい考えを深める指導の工夫」として「ロールレタリングなどによって、他者のものの見方、考え方を推し量ることができる」と記されています。

　ＲＬは、役割理論と対象関係理論を有し、人格の統合という点などから見ても日本人の心性に合った心理技法といえるのではないでしょうか。回顧すれば今から12年前、岡本泰弘氏が勤務されていた中学校で、筆者はＲＬを講義しました。それが契機となり『ロール・レタリング（役割交換書簡法）入門』（杉田峰康監修、春口徳雄著、創元社刊）を彼は熟読し、研究に熱中し、さまざまな成果を上げ、高い評価を受けました。さらに彼は、ＲＬの効果検証を脳科学で解明することを目指し、久留米大学大学院医学研究科博士課程（高次脳疾患研究所所属）にて、懸命に研究に取り組み、ＲＬの効果について日本臨床神経生理学会や九州精神保健学会で発表するなど、その探求心と実践力が評価されました。これらの功績が認められ、平成20年度文部科学大臣優秀教員として表彰されました。

　本書が学校教育現場で、児童生徒の自我の強化、自己の問題性への気づき、道徳心の向上と心の健康に貢献することを心より期待し、推薦の言葉といたします。

　　　　　　　　　　　　　　　医学博士　春口 徳雄

目　　次　　CONTENTS

はじめに ……………………………………………………… 2
発刊によせて ………………………………………………… 4

第1章　エゴグラム
　エゴグラムって何？ ……………………………………… 10
　エゴグラムをやってみよう ……………………………… 14
　結果を見てみよう ………………………………………… 18
　5つの心の働き …………………………………………… 20
　　　ＣＰの長所…22　　ＣＰの短所…23
　　　ＮＰの長所…24　　ＮＰの短所…25
　　　Ａの長所…26　　　Ａの短所…27
　　　ＦＣの長所…28　　ＦＣの短所…29
　　　ＡＣの長所…30　　ＡＣの短所…31
　各優位タイプの特徴 ……………………………………… 32
　自分はどのタイプ？ ……………………………………… 34
　注意が必要なパターン …………………………………… 38
　エゴグラム活用法 ………………………………………… 42
　エゴグラムで自分を変える ……………………………… 44
　　　ＣＰを上げるためには…46／ＮＰを上げるためには…50
　　　Ａを上げるためには…54／ＦＣを上げるためには…58
　　　ＡＣを上げるためには…62

第2章　ロールレタリング
　ロールレタリングって何？ ……………………………… 68
　ロールレタリング7つの作用 …………………………… 70
　ロールレタリングの利点 ………………………………… 72

【コラム】書くことの効果 ………………………………… 75
ロールレタリングのやり方 ………………………………… 76
　　用意するもの…79　　書く内容…80
　　実施する時間…81　　往復する期間…82
　　往復する回数…83　　配布・回収・保管…84
　　ロールレタリングのテーマ…85
　　ロールレタリングテーマ例一覧…86
個人を対象に行う場合 ……………………………………… 88
集団を対象に行う場合 ……………………………………… 90
学校教育におけるロールレタリングの効果 …………… 94
ロールレタリングの注意点 ………………………………… 96
脳科学から見たロールレタリング ………………………… 100
　　Ｑ＆Ａ１…103　　Ｑ＆Ａ２…104

第3章　実　践　編
実践1　エゴグラムで生徒の自己変容を促進 ………… 106
　　指導・援助計画 ……………………………………… 107
　　ＳＴＥＰ１　"気づく"段階 ……………………… 111
　　ＳＴＥＰ２　"もとめる"段階 …………………… 112
　　ＳＴＥＰ３　"まとめる"段階 …………………… 114
　　結果と考察 …………………………………………… 115
　　生徒の感想とエゴグラムの変容 …………………… 117
　　行動観察から見えてきた変化 ……………………… 120
実践2　ロールレタリングで生徒のメンタルヘルスを促進…122
　　ＳＴＥＰ１　ストレスを発散する段階 …………… 124
　　ＳＴＥＰ２　自分を価値あるものとしてとらえる段階 ……126

ＳＴＥＰ３　他者の気持ちをくみ取る段階……………128
　　　ストレスを発散する段階の結果と考察……………130
　　　自分を価値あるものととらえる段階の結果と考察………132
　　　他者の気持ちをくみ取る段階の結果と考察………134
　実践３　ロールレタリングとエゴグラムで保健室登校生徒へ
　　　　　アプローチ……………………………136
　　　指導・援助計画………………………138
　　　ＳＴＥＰ１　書くことに慣れる段階……………140
　　　ＳＴＥＰ２　ストレスを発散する段階……………144
　　　ＳＴＥＰ３　自我の向上を図る段階……………148
　　　エゴグラムの変化………………………152

あとがき……………………………… 156
さくいん……………………………… 158

第 1 章
エゴグラム

エゴグラムって何？

　人の性格は親から受け継いだものや、育った環境、経験などさまざまな要素で作られます。このような複雑な性格は「親の自分（Ｐ）」「大人の自分（Ａ）」「子どもの自分（Ｃ）」の「３つの私」から成っていると考えられています。「親の自分（Ｐ）」は幼少のときに親から教えられた態度や行動の部分です。「大人の自分（Ａ）」はこれまでの経験や体験を生かし、事実に基づいて物事を判断しようとする理性の部分です。「子どもの自分（Ｃ）」は天真爛漫な子どものように本能や感情をそのまま表した部分です。

　さらに、「Ｐ」と「Ｃ」の働きを、それぞれＣＰ（批判的な親）とＮＰ（養護的な親）、ＦＣ（自由な子ども）とＡＣ（従順な子ども）とし、それにＡの働きを加えて、合計５つに分類します。そして、観察可能な行動（言語、表情、姿勢、しぐさなど）を、その発生頻度によってグラフ化し、その人全体の心的エネルギーの働きを見ていこうとしたものがエゴグラムです。人は自分のことを知っているようで、なかなかわかっていません。ですから、このエゴクラムで現在の自分自身の心の働きを客観的に知り、より良い方向へ自分を変えていこうというものです。

◇　　◇　　◇

エゴグラムは、1977年、アメリカの心理学者ジョン・デュセイによって作られました。基になっているのは、デュセイの師であるアメリカの精神科医エリック・バーンが開発した交流分析という心理療法です。

　交流分析の主な目的は、人と人との交流（コミュニケーション）に重点を置き、自分自身への「気づき」から自分を変え、適切なコミュニケーションが取れるようにすることです。バーンは「過去と他人は変えられない。しかし、自分と過去の認知（考え方）は変えることができる」と述べています。すなわち、相手を変えていこうとするのではなく、自分が変わって、良好な人間関係を回復することによって、事態を改善していこうというものです。

　エゴグラムもこのような交流分析の考え方が大きくかかわっています。

第1章　エゴグラム

　自分の性格の傾向や行動パターンを見るエゴグラムは、特に、対人関係の取り方の傾向を把握するのに有効です。したがって、カウンセリング場面ではもちろんのこと、さまざまな場面で活用されています。

　医療の臨床場面では、心身症や神経症、慢性疾患の治療などに用いられています。また、学校教育現場では、子どもたちの行動パターンを把握し、指導に役立てたり、教師自身がエゴグラムを実施し、自分を知って、子どもたちとより良いかかわりができるように努めたりすることもできます。さらに、企業においては、最近では、就職適応検査に用いられたり、社員個人のメンタルヘルスや社内プロジェクトの組織作り、自己啓発を目指すセミナー研修にも使われたりしています。

　そのほか、家庭裁判所や少年鑑別所で家族間のトラブル解決や少年たちの更生支援として用いられたり、スポーツの世界では、選手の自己実現や団体競技のチーム作りにも活用されたりしており、その利用は多岐にわたっています。

第1章　エゴグラム

エゴグラムをやってみよう

以下の質問に、はい（○）、どちらともつかない（△）、いいえ（×）のように答えてください。ただし、できるだけ○か×で答えるようにしてください。

あまり深く考えずに直感も含めて答えましょう。

エゴグラムチェックリスト

CP

1	何事もきちっとしないと気が済まない方ですか	
2	人が間違ったことをしたとき、なかなか許しませんか	
3	自分を責任感の強い人間だと思いますか	
4	自分の考えを譲らないで、最後まで押し通しますか	
5	礼儀作法について、やかましいしつけを受けましたか	
6	何事もやり始めたら最後までやらないと気が済みませんか	
7	親から何か言われたら、その通りにしますか	
8	「ダメじゃないか」「…しなくてはいけない」という言い方をよくしますか	
9	時間やお金にルーズなことが嫌いですか	
10	自分が親になったとき、子どもを厳しく育てると思いますか	

NP

11	人から道を聞かれたら、親切に教えてあげますか	
12	友だちや年下の子どもをほめることがよくありますか	
13	人のお世話をするのが好きですか	
14	人の悪いところよりも、いいところを見るようにしますか	
15	がっかりしている人がいたら、なぐさめたり元気づけたりしますか	
16	友だちに何か買ってあげることが好きですか	
17	助けを求められると、引き受けますか	
18	だれかが失敗したとき、責めないで許してあげますか	
19	弟や妹、または年下の子どもをかわいがる方ですか	
20	食べ物や着る物のない人がいたら助けてあげますか	

A

21	いろいろな本をよく読む方ですか
22	何かうまくいかなくても、あまりカッとなりませんか
23	何か決めるとき、いろいろな人の意見を聞いて参考にしますか
24	初めてのことをする場合、よく調べますか
25	何かする場合、自分にとって損か得かよく考えますか
26	何かわからないことがあると、人に聞いたり、相談したりしますか
27	体の調子が悪いとき、無理をしないように気をつけますか
28	人と冷静に話し合うことができますか
29	勉強や仕事をてきぱきと片づけていく方ですか
30	迷信や占いなどは、絶対に信じない方ですか

FC

31	おしゃれが好きですか
32	みんなと騒いだり、はしゃいだりすることが好きですか
33	「わぁ」「すごい」などの感嘆詞をよく使いますか
34	言いたいことを遠慮なく言えますか
35	うれしいときや悲しいときに、表情や動作で自由に表すことができますか
36	欲しい物は手に入れないと気が済まない方ですか
37	異性の友だちに自由に話しかけることができますか
38	人に冗談を言ったり、からかったりすることが好きですか
39	絵を描いたり、歌ったりすることが好きですか
40	嫌なことをはっきり嫌と言いますか

AC

41	人の顔色を見て行動を取るようなくせがありますか
42	嫌だと言えずに、抑えてしまうことが多いですか
43	劣等感が強い方ですか
44	何か頼まれると、すぐにやらないで引き延ばすくせがありますか
45	いつも無理して人から良く思われようと努めていますか
46	本当の自分の考えよりも、人の言うことに影響されやすい方ですか
47	憂うつな気持ちになることがよくありますか
48	遠慮がちで消極的な方ですか
49	親の機嫌を取るような面がありますか
50	内心では不満なのに、表面では満足しているように振る舞いますか

第1章 エゴグラム

○は2点、△は1点、×は0点として、それぞれの項目ごとに合計点を出し、右ページのグラフに折れ線グラフを書きましょう。

CP

1	2	3	4	5	6	7	8	9	10	合計

NP

11	12	13	14	15	16	17	18	19	20	合計

A

21	22	23	24	25	26	27	28	29	30	合計

FC

31	32	33	34	35	36	37	38	39	40	合計

AC

41	42	43	44	45	46	47	48	49	50	合計

第1章　エゴグラム

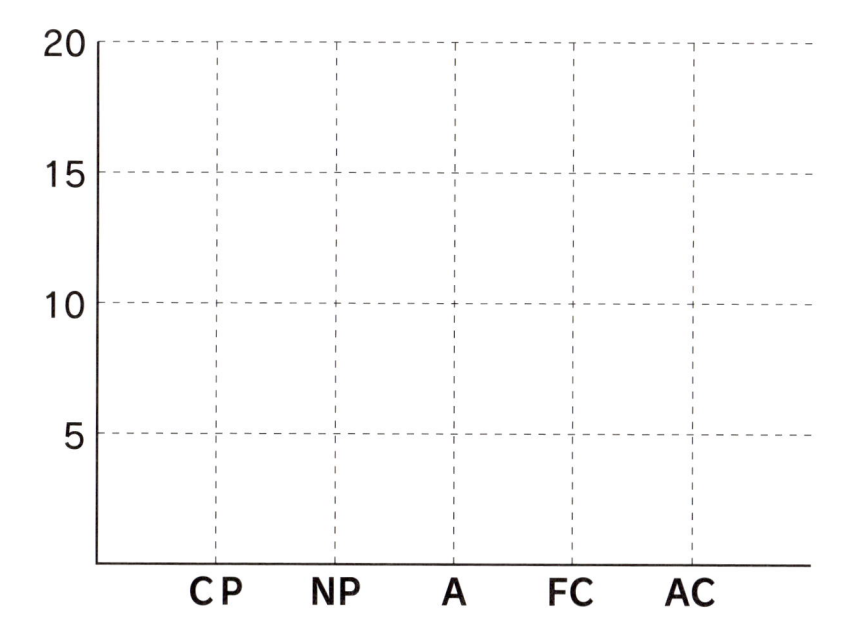

```
 20 ┆┈┈┈┆┈┈┈┆┈┈┈┆┈┈┈┆┈┈┈
    ┆   ┆   ┆   ┆   ┆
 15 ┆┈┈┈┆┈┈┈┆┈┈┈┆┈┈┈┆┈┈┈
    ┆   ┆   ┆   ┆   ┆
 10 ┆┈┈┈┆┈┈┈┆┈┈┈┆┈┈┈┆┈┈┈
    ┆   ┆   ┆   ┆   ┆
  5 ┆┈┈┈┆┈┈┈┆┈┈┈┆┈┈┈┆┈┈┈
    ┆   ┆   ┆   ┆   ┆
     CP   NP   A   FC   AC
```

結果を見てみよう

　それでは結果を見てみましょう。どうでしたか？

　さて、実施した人からは、よく「理想的なエゴグラムはありますか？」と尋ねられます。しかし、エゴグラムは人それぞれの個性や特性をとらえていくもので、理想的なグラフというものはありませんし、性格の善しあしを決めていくものでもないのです。ただし、見ていく場合は、一番高い部分はどこか、また、一番低い部分はどこかを知ることが大切です。一番高い部分は、何か問題が生じたときに、すぐに反応する部分と考えていいでしょう。一方、一番低い部分は心のエネルギーが最も行き渡っていない部分と言えます。

　また、エゴグラムは「精神内界のエネルギー量は一定である」という原理に基づいています。これを応用して、望ましい行動を取るには、高い部分と低い部分のエネルギー量の配分を調整していけばいいことになります。

　まず、一番高い箇所に注目し、どの部分が優位かを見て、各優位タイプの基本的な性質を考えます。さらに、低い部分の性質を併せて考えていきますが、各部分の特色と逆の内容を考えると容易に理解できます。最後に、そのほかの部分の高低を考えて、エネルギー量の配分に注目し、総合的に判断していきます。

例

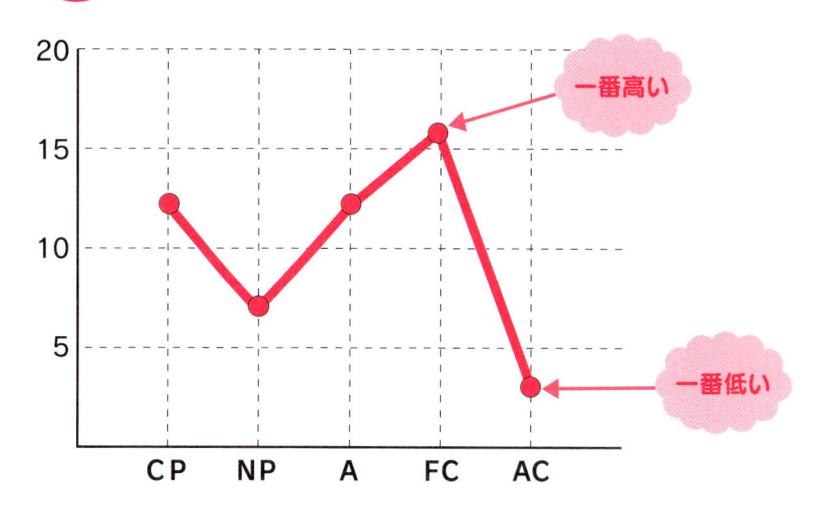

グラフ:
- 縦軸: 5, 10, 15, 20
- 横軸: CP, NP, A, FC, AC
- CP: 約12
- NP: 約7
- A: 約12
- FC: 約16 ← 一番高い
- AC: 約3 ← 一番低い

　例えば上記のエゴグラムを例に取ってみます。

　まず、一番高い部分はFCなので、FC優位のエゴグラムとなります。明るくユーモアがあり、何事にも意欲的で行動力のある人です。

　次に、一番低い部分はACなので、他人への配慮を欠く面があります。

　ただし、最終的には、大きく全体を見て、総合的に判断していくことが大切です。そうすると、上記のグラフは自由で陽気な性格ですが、ときどきわがままが出るタイプと言えるでしょう。

５つの心の働き

エゴグラムでは、人の性格を５つの心の働き（CP・NP・A・FC・AC）に分けてとらえます。そして、どの部分が主導権を握っているかで、その人の性格傾向がわかるのです。

以下に５つの心を説明します。

CP（Critical Parent）批判的な親

信念に従って行動する父親のような心です。自分の価値観や考え方を正しいものとし、他人を批判したり非難したりします。正義感や道徳心、責任感、良心などと深く関連しています。しかし、この部分が強すぎると、頑固で支配的な態度や命令口調が目立ちます。逆に低すぎると、批判力に欠けたり、物事にルーズだったりする傾向があります。

NP（Nurturing Parent）養護的な親

思いやりを持って世話をする優しい母親のような心です。親切で寛容な態度で親身になって人の面倒を見る優しさがあります。しかし、この部分が強すぎると、過保護やおせっかいとなります。逆に低すぎると、冷たく拒絶的で、他人のことを気にかけない傾向があります。

A（Adult）合理的な大人

　事実に基づいて物事を判断しようとする合理的で有能な大人のような心です。データを集めてコンピューターのように論理的に処理していきますが、感情はあります。しかし、Aが強すぎると、打算的で理屈っぽく、冷たいと誤解されたり、逆に低すぎると、現実に疎く、冷静な状況判断を欠くため、非常識と見なされたりすることがあります。

FC（Free Child）自由な子ども

　自分の欲求のままに振る舞い、自然の感情をそのまま表現する子どものような心です。明るく無邪気でユーモアに富んでいます。しかし、この部分が強すぎると、自己中心的に振る舞ったり、衝動的だったりします。逆に低すぎると、無気力で表情の変化にも乏しい傾向があります。

AC（Adapted Child）従順な子ども

　自分の本当の気持ちを抑えて相手の期待に沿おうと努める従順な子どものような心です。協調性や忍耐力があり、社会規範に従います。しかし、この部分が強すぎると不満が高じて、主体性がなく依存的で、屈折した反抗心を持ったり、現実から引きこもったりします。逆に低すぎると、反抗的、独善的な傾向を示します。

● CPの長所

　義務感や責任感が強く、良心に従い、ルールを守って行動します。また、正義感も強く、道徳的でけじめがあり、筋を通します。このことから、頼れる人として一目置かれ、周囲の信頼も厚く、リーダーシップが取れる人です。

リーダーシップを取る
ルールやマナーを守る
向上心がある
使命感が強い

まじめ
理想を追求する
責任感が強い
正義感が強い

● CPの短所

　他人に対して批判的で、自分の価値観を絶対と思いがちです。他人の失敗を許せず、柔軟性がなく頑固です。命令口調が多く、自由にものを言えない雰囲気を作ります。

批判的
頑固
堅物

偏見が強い
ワンマン
柔軟性がない

●NPの長所

寛容的で思いやりの心を持ち、だれからも慕われます。また、弱い立場や困っている人を世話しようとする奉仕的精神の持ち主です。相手に対して肯定的な態度で温かく接するので、人間関係も良好です。

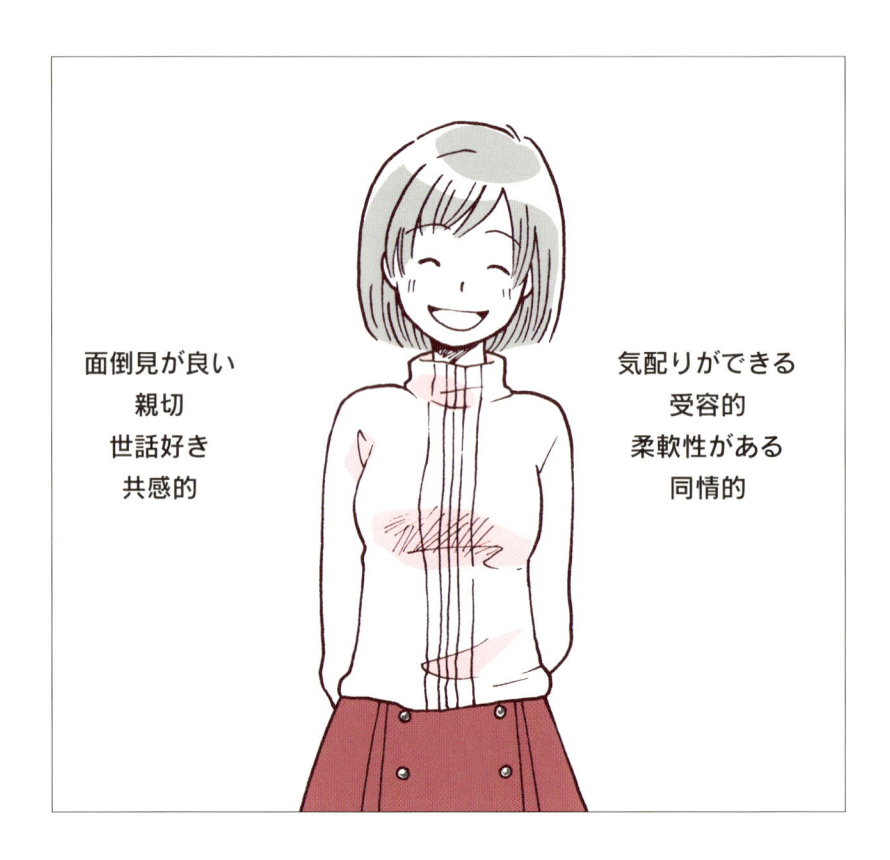

面倒見が良い
親切
世話好き
共感的

気配りができる
受容的
柔軟性がある
同情的

●NPの短所

　過保護にして甘やかしすぎるので、相手の自主性を損なうことがあります。また、他人の世話やお節介に明け暮れ、自分の楽しみがなくなることもあります。

おせっかい
押しつける
過度に干渉する

甘やかす
人の自主性を損なう
心配性

●Aの長所

　冷静な判断力や分析力で問題を解決する能力があります。また、理性的に行動し、計画性を持って物事に当たることができます。感情に左右されず、落ち着いて合理的かつ客観的に対処できる人です。

合理的
計画性がある
情報を集め吟味する
冷静沈着

判断力がある
客観的に判断する
理性的
知性的

●Aの短所

　データ中心主義のため、コンピューターのようで味気なく、面白みに欠けます。羽目を外すこともなく機械的で、やや打算的なところもあります。

機械的
データ中心主義
冷淡

人間味に欠ける
打算的
人の気持ちが
わかりにくい

第1章　エゴグラム

● **FCの長所**

　好奇心が強く、直感的なひらめきや創造力に富んでいます。自発性が高く、意欲的で行動力があります。また、感情表現が豊かで、人に明るい印象を与え、人生を楽しむことが上手な人です。

ユーモアがある
元気がある
好奇心が強い
社交的

多趣味
感情豊か
明るい
創造力に富む

● **FCの短所**

　自己中心的でわがままなところがあるので、相手を傷つけてしまうことがあります。喜怒哀楽が激しく、子どもっぽい面があるため、トラブルを起こしがちです。

● ACの長所

　順応的で協調性があり、だれとでもうまく合わせることができます。また、他人への関心が高く観察力があり、慎重に行動できます。気遣いが上手で従順な良い子のため、年上の人からかわいがられます。

協調性がある
慎重である
我慢強い
順応的

気遣いができる
人当たりが良い
従順である
聞き分けが良い

●ACの短所

　主体性がなく依存心が強いため、上からの命令に逆らえず、嫌なことも断れません。そのため、ストレスを抱えやすく、発散もできないので、限界までくるとキレることがあります。

依存的
本心を隠す
自主性がない

消極的
遠慮がち
人の反応を
気にする

各優位タイプの特徴

　20ページで説明した5つの心の働きのそれぞれが優位であるタイプの人の特徴を説明します。

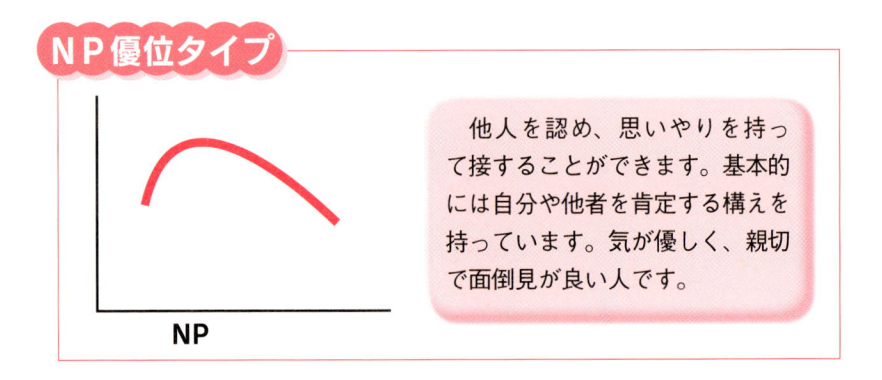

CP優位タイプ

責任感が強く、困っている人や弱い立場の人の面倒をよく見ます。しかし、基本的には他者を否定する構えを持っています。理想が高く保守的で頑固なところがあります。

NP優位タイプ

他人を認め、思いやりを持って接することができます。基本的には自分や他者を肯定する構えを持っています。気が優しく、親切で面倒見が良い人です。

A優位タイプ

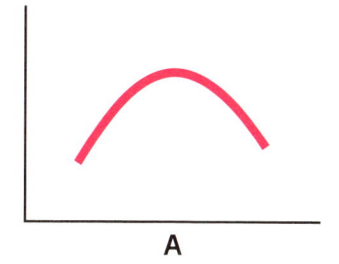

情緒よりも知性が勝り、合理性、能率性、生産性を優先する傾向を持ちます。多角的に物事を観察し、平等、公正に評価しようとします。一般に落ち着いた態度で接します。

FC優位タイプ

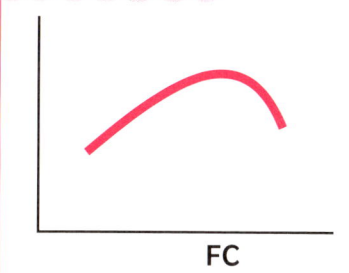

感情を自由に表現でき、行動先行です。基本的に自分を肯定する構えを持っています。明るく楽しい面があり、伸び伸びとしていますが、自己中心的なところがあります。

AC優位タイプ

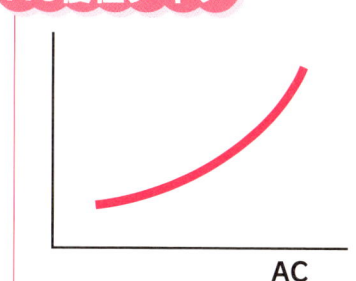

他者依存タイプで、相手の期待に沿うことにこだわります。基本的には自分を否定する構えを持っています。過剰な適応から消極的な反抗が現れることがあります。

第1章　エゴグラム

自分はどのタイプ？

　エゴグラムは細かく分類すると243タイプもあると言われています。ここでは、代表的な8つのタイプを挙げてみたいと思います。もちろん、最初にも言いましたが、これは個性なので、性格の善しあしを決めるものではありません。そのタイプが自分自身で好きでなかった場合は、各部分の割合を変えていくように努力すればいいのです。

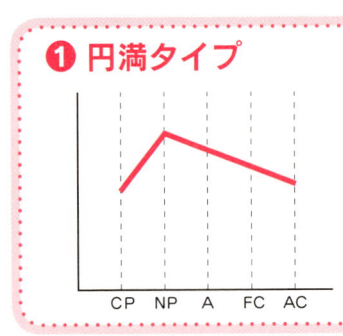

❶ 円満タイプ

「への字型」になったこのタイプは優しく思いやりがあり、人間関係も良好です。日本人としては理想に近い性格とされています。

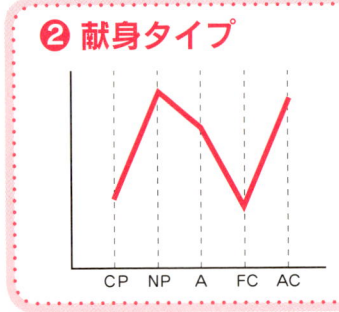

❷ 献身タイプ

このタイプは他人に対して配慮や温かみがあります。しかし、思ったことや言いたいことが言えず、ストレスをためて自己犠牲的になる傾向があります。

❸ 自己主張タイプ

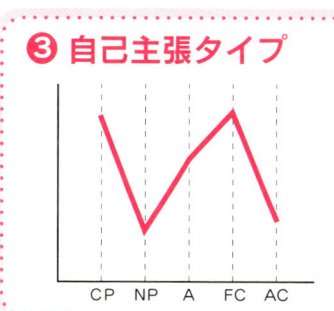

「逆Ｎ字型」は自他ともに厳しいタイプです。リーダーシップがあり責任感も強いのですが、自己主張が強く、トラブルが起こることもあります。

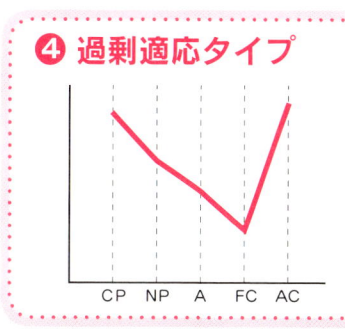

❹ 過剰適応タイプ

「Ｖ字型」は、自分の要求を極度に抑え、周囲に尽くす責任感の強い人です。周囲にとってはありがたい存在ですが、本人は感情的なかっとうをつのらせています。

❺ 苦悩タイプ

「Ｗ字型」は、強い義務感と責任感、完全主義的できちょうめん、凝り性という特徴が見られます。同時に自分をいたわったり、楽しんだりすることが不得手な人が多く、自己主張できない怒りが自分に向いて自己否定的になりやすいところがあります。

❻ 明朗タイプ

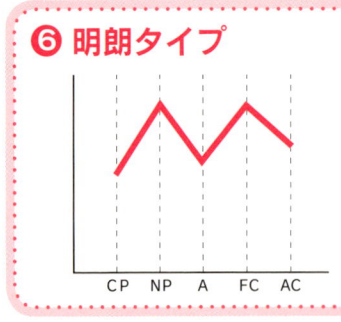

　「M字型」は陽気で楽しい人に多いタイプです。人に優しく世話好きなので、好感を持たれるつき合いやすい人です。ただ、Aが低すぎると、ルールを無視したり、規範意識を欠く行動に走ったりするので、反社会的と見なされることがあります。

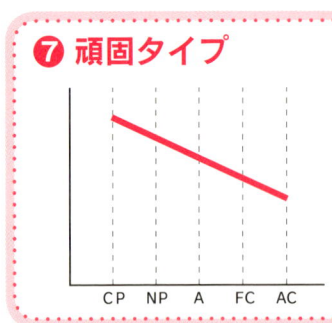

❼ 頑固タイプ

　左が一番高く、右下がりのタイプはワンマン的で他者を支配したがる人が多いようです。義務感や責任感が強く、面倒見も良いのですが、融通が利かず、何でも自分でしないと気が済まない人と言えます。

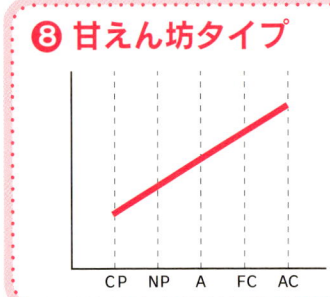

❽ 甘えん坊タイプ

　年齢にそぐわない幼児性を持っている人です。一見従順に見えますが、人に合わせすぎてNOと言えないところがあります。自分で考えて行動することが苦手ですが、常に服従的なので周囲とはうまくやっていけます。

第 1 章　エゴグラム

注意が必要なパターン

エゴグラムは性格の善しあしを決めるものではありませんが、エゴグラムで心の状態を知ることができます。そこで、指導者として注意すべきタイプのグラフを挙げてみたいと思います。

非行少年タイプ

ＡＣがかなり低く、Ａも極端に低いことは、意地っ張りや無計画性を意味し、社会的に順応していないことがうかがえます。また、ＦＣが高いことは行動優先を意味します。同時にＮＰも高いことから、人情味があり、仲間の面倒を見ることを示しています。ただし、ＣＰがかなり低いので善悪の判断を行う良心が未発達であることがわかります。

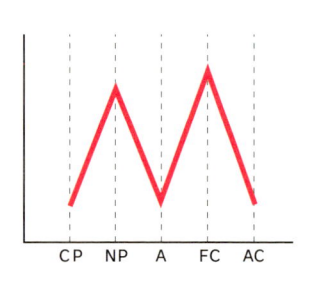

心身症タイプ

　心身症にもいろいろなタイプがありますが、下図のようなタイプは心身症の患者さんに多く見られると言われています。心身症の患者さんは、ＦＣが低く、ＡＣが高いという特徴があります。これは心身症の性格特徴の過剰適応と一致します。

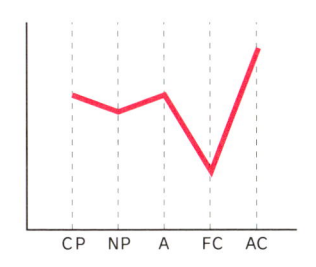

うつ病タイプ

　ＣＰが極めて高いことは批判や非難の気持ちが強いことを示しています。同時にＡＣも高いのでそれらを外部に向けて表すことができず、その攻撃的な感情を自分に向けています。さらに、他者中心の自分がない生き方を意味しており、人間関係で別れや裏切りを体験すると、それまでのバランスが崩れて、激しい怒りが自分に向き、ついには、気がめいってしまいます。

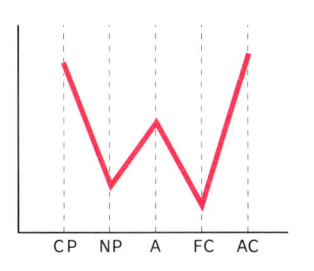

仕事中毒タイプ

　ＮＰが高く周囲からも面倒見の良い人として信頼されています。ＡＣが高く協調性も優れているのですが、ＦＣが低く、常に自分の感情や楽しみを犠牲にして周囲に尽くすタイプです。自分の感情を抑え、無理に合わせようとして、ストレスをためることも少なくないようです。

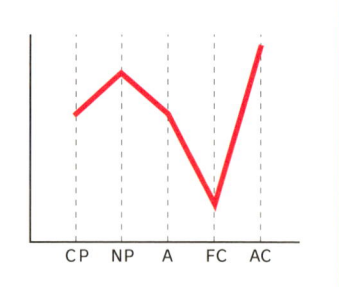

　ここで注意していただきたいのは、前述のタイプのグラフを描いた子どもがいたとしても、決して「おまえは非行少年タイプだ」「あなたは心身症タイプだから気をつけなさい」などと診断的な説明は避けてください。たった１回のエゴグラムで、子どものすべてを理解できたと思うのは危険すぎます。エゴグラムはその人の「今ここで」の状態を表したものです。さらに、未成年の場合のグラフは変化しやすいからです。

　大切なことは、どこをどのように変えたら、より充実した生き方ができるようになるかを、面接やカウンセリングなどを通して温かく支援してあげることです。

第1章 エゴグラム

　言うまでもないことですが、自分のエゴグラムを変化させることができるのは、自分自身なのです。「相手を変えることはできないが、自分は変えることができる。自分が変われば相手の反応も変化していく」というのが、エゴグラムを生んだ交流分析の考え方です。

エゴグラム活用法

　自分を変えるということは、エゴグラムで言うとP、A、Cの間のエネルギーの配分を変えるということです。そのためには、次のようなことに配慮して、自分を変えるための計画を立ててみましょう。

1．目標をはっきりさせる

　自分が実施したエゴグラムの上に、「こうありたい」と望む理想のエゴグラムを描いてみます。次にどの箇所をどのように変えたいか考えます。一般には、NPとFCを高くして、ACをそれよりも低くする方向に目標を定めるのが良いとされています。

2．高い箇所を縮めるより、低い箇所を伸ばす

　最もその人らしい行動を起こすのは、一番高い箇所です。性格の主導権を握っている優位な箇所を無理に縮めようとしてもなかなかうまくいかないようです。むしろ低いところを伸ばしていく方が効果があるようです。心のエネルギーも体のエネルギーに似て、その量はだいたい一定なので、ある部分を上げると、ほかの部分は自然と下がっていきます。

3. 抵抗に気づく

　自分を変えていく際に、ある種の抵抗を感じます。それは自分で性格を変えるべきだとわかっているのに、変わるのは苦痛だから嫌だというかっとうが生じるからです。変容を妨げるのはたいていエゴグラムから見ると一番高い部分です。そのジレンマを理解して、自分が無理をしない範囲で根気よく変わっていくことが大切です。

エゴグラムで自分を変える

　なりたい自分になるためには、まずエゴグラムで自分の低いところを見ます。右ページの「今の自分」のエゴグラムでは、ＮＰとＡＣが低い部分です。ＮＰとＡＣが低いということは、優しさや温かみに欠け、あまり周りに合わせようとしない傾向があるということです。そこで、人に思いやりを持って接し、ほかの人と協調できるようにＮＰとＡＣを上げていきます。まず、ＮＰとＡＣを上げる言葉や行動を紙などに書き出します。例えば、ＮＰを上げるためには、「ありがとう」を頻繁に使ったり、世話役などを進んで引き受けたりします。また、ＡＣを上げるためには、「これでいいですか」と相手に尋ねたり、相手の立場を優先したりします。次に、それらが毎日実行できたかどうかをチェックします。自分でわからないときは、周りの人に見てもらうのも良いでしょう。これを１か月程続けていくと、「心的エネルギー一定の法則」により、低いＮＰ、ＡＣが上がるとともに高いＣＰ、ＦＣが下がっていきます。つまり、優しく思いやりがあるＮＰが上がることで、自分の思い通りにしたがるＣＰが下がり、相手に配慮するＡＣが上がることで、自己愛的なＦＣが下がり、人間関係がスムーズに良好になっていきます。このようにして、理想の自分へと近づいていくのです。

理想のエゴグラムを
自分のエゴグラムに書いてみよう！

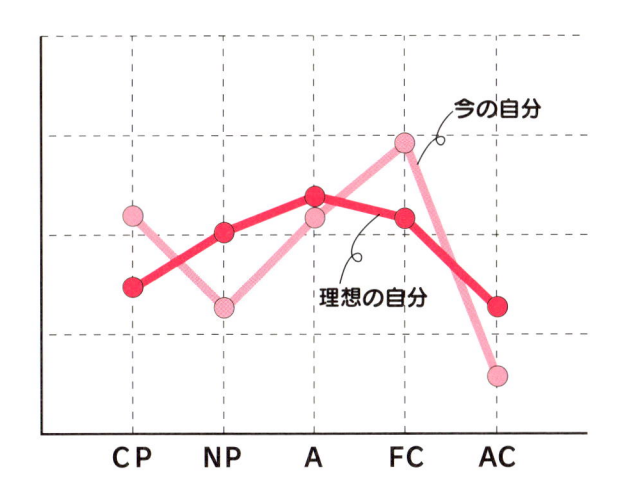

今の自分

理想の自分

CP　NP　A　FC　AC

優しさや温かみに欠け、周りに合わせようとしない自分

⬇

優しく思いやりがあり、相手を気遣う自分へ近づく

人間関係がスムーズに

CPを上げるためには

　CPの低い人は自分を主張することができず、相手に譲ってしまう傾向があります。また、責任感が足りず、規則や義務を守るのも苦手です。CPが低い人は親になったり人を管理する立場になったりしたとき、指導力のなさを感じることがあります。物事をてきぱきと進めて、けじめのある人間関係を作っていくためには、ある程度CPが高いことが必要です。CPが上がると、自分の価値観に基づいた生き方ができるようになります。

第1章　エゴグラム

こんな言葉を使ってみよう

「私は〜と思う」とはっきり自分の意見を述べる。

バナナよりも、リンゴが好きです

好きなものは「好き」とはっきり言う。

第1章　エゴグラム

CPを上げる行動は…？

■自分の意見を引っ込めない

■約束の時間を守る

■寝る時間、起きる時間を決める

■リーダー（班長など）をやってみる

第1章　エゴグラム

■■■■　NPを上げるためには　■■■■

　NPの低い人は、人の世話をしたり、人をほめたりすることがほとんどありません。優しさと温かみが少ないため、対人関係もうまくいかないようです。周りの人からは冷たい人と思われやすく、自分自身も人間関係をわずらわしいと感じる面があるので、親しくつき合える人の数も少なくなります。また、人を手助けすることが少ないため、人からの援助もあまり期待できません。NPを高めることは、相手との情緒的なコミュニケーションを通わせるのに役立ってきます。

こんな言葉を使ってみよう

相手を思いやる言葉をかける。

「ありがとうございます」をよく使う。

第1章　エゴグラム

NPを上げる行動は…？

■下級生の面倒を見る

■植物を育ててみる

■ 自分から進んであいさつをする

■ 困っている人に手を貸す

第 1 章　エゴグラム

Aを上げるためには

　Aが低い人は、冷静にかつ合理的に行動していくことが苦手です。また、何か問題に直面すると混乱しやすく、そのときの気分や思いつきで行動して後悔しがちです。客観的に物事をとらえることが苦手で、仕事や社会生活の上で支障を来すこともあります。気楽に生きていくという良い面はありますが、人からの信頼が今ひとつ足りません。社会で生活していくためには、人格の統合的な働きをするAの高さが必要です。

こんな言葉を使ってみよう

「〜ということですか」と確認する。

5W1Hを使う。

第1章　エゴグラム

Aを上げる行動は…？

■新聞やニュースなどをよく見る

■囲碁やチェスなどに挑戦してみる

第1章　エゴグラム

■言いたいことやしたいことを文章やリストにする

■日記をつける

FCを上げるためには

　FCが低い人は、気分転換が苦手です。また、生き生きとした自然の感情をうまく表すことができず、バイタリティーに欠け、面白みのない人間になりがちです。人間関係も形式的になりやすく、建前中心で動くため心の触れ合いができにくくなります。無邪気だった子どものころを思い出して自然な楽しい心を取り戻すと、FCも感情エネルギーに満ち、ぐっと高くなっていきます。

第1章　エゴグラム

こんな言葉を使ってみよう

きれいだね

思ったことを素直に言葉にする。

うわ〜、すごいな！

感嘆詞をよく使う。

59

第1章 エゴグラム

FCを上げる行動は…？

■山や川など自然の多い場所に行ってみる

■自分から進んでほかの人の会話の中に入っていく

■美術館や博物館に行ってみる

■鏡を見て面白い顔をしてみる

ACを上げるためには

　ACの低い人は頑固で周りに合わせず協調性に欠けます。自己中心的なため人とよく衝突を起こしたり、孤立したりしがちです。自分を主張することも良いのですが、相手のことも考えることが必要です。相手に対するちょっとした配慮を心がけることで、人間関係がスムーズになり、自分の望むことも実現しやすくなります。ただ、過度に上げすぎると他人への心理的依存が強くなるので注意してください。

こんな言葉を使ってみよう

「失礼します」

相手を立てて、気遣う言葉をかける。

「なんで怒ってんの？」

相手がどう考えているか、相手の気持ちを尋ねる。

第1章　エゴグラム

ＡＣを上げる行動は…？

■自分がしゃべるよりも相手の話を中心に聞く

■家族が選んだテレビ番組に従う

第1章　エゴグラム

■ 何かするとき、相手の許可を得てからする

■ 言われた通りに行動してみる

65

エゴグラムで自分の低いところがわかったら、そこを伸ばしていく言葉や態度を積極的に使ってみましょう。そうすることによって、徐々に対人関係が改善されていき、自分がより良く変わっていることが実感できるでしょう。
　子どもに行わせる場合は、その部分を上げていく言葉や態度を表に書き出させると良いでしょう。そして、それが毎日できたかどうかをチェックさせるのです。これを最低1か月間続けていくと、エゴグラムが理想とするものに近づいていくと同時に、教室においては、クラス全体も落ち着いたものとなっていきます。それは、ある子が変わっていけば、その子の周りにいる子も接し方が変わっていくからです。
　また、よくある質問に、エゴグラムを再び行うときは、どれくらい期間をおいた方が良いかというのがありますが、筆者は子どもたちが質問項目を覚えて、結果に影響を与えないように、最低1か月以上は期間を空けるようにしています。

第 2 章
ロールレタリング

第2章　ロールレタリング

ロールレタリングって何？

　ロールレタリング（Role Lettering：略してRL、ローレとも言う）は、自分自身が自己と他者の双方の役割を演じて、往復書簡する心理技法です。

　個人がまず他者へ向けて手紙を書き、次に他者の立場からその手紙に返事を書くという自己カウンセリングの方法のひとつです。つまり、自分自身が自己と他者の役割を変えながら往復書簡を重ねることによって、相手の気持ちや立場を思いやり、心に抱えるジレンマに気づき、自己の問題解決を促進することがねらいです。

　この心理技法は、役割交換書簡法とも言われ、ゲシュタルト療法の空いすの技法にヒントを得て、1984年に西九州大学名誉教授の春口德雄氏が日本交流分析学会全国大会において、初めて提唱されました。

　ゲシュタルト療法とは、人が持つ両極性（プラスとマイナスの思考や感情）の対決を図るものです。空いすの技法とは、「エンプティ・チェアテクニック」と呼ばれるもので、自分の前に置かれたいすの上にイメージの中の自己や他者、物などを座らせて対話する技法です。

　例えば、胃痛で悩んでいる人がいたとします。その場合はま

ず、その人の胃袋という臓器を空いすの上に座らせ、胃袋に対して話しかけてもらいます。そして次に、自分自身もいすに座り、今度は、胃袋の立場になって自分自身に話しかけてもらいます。このように、「胃袋」と「本人」の席を往復しながら対話を進めていくうちに、現在の胃痛などの症状が具体的なメッセージとなり、自分の中のさまざまな思考や感情に気づくことができます。このいすの代わりに手紙を用いるのが、ロールレタリングです。

　ロールレタリングは、そもそも少年院で矯正教育の技法のひとつとして用いられてきましたが、現在は、心の教育や精神の不安定な患者の治療に、学校や病院などでも導入されています。

ロールレタリング7つの作用

1 文章による感情の明確化
　自分の考えや感じ方を文章にうまく表現できたとき、自分のそれまでの考え方や思いを実感し、理解できます。

2 自己カウンセリング作用
　相手が実際に手紙を読むことがないという自由な表現の中で、それまであいまいだった感情や、衝動的な行動が徐々に明確になり、細分化されていきます。やり取りを重ねるにつれ自分の問題に気づき、未熟な行動を改め、さらに成長する方向へと進んでいきます。

3 カタルシス作用
　自分が差出人であり受取人であるため、それまで抑えてきた感情や思考を手紙に訴えることができます。そのため、不安や緊張が和らぎ、さらに相手への理解と受容を示すことが多くなっていきます。

4 対決と受容
　相手の立場になってみると、自分の感情（敵意や否定的感情）

がなかなか受容できないことを体験します。ここに、同一対象に対して、愛情と憎しみ、尊敬と恐れといった相反する感情や欲求を同時に抱くアンビバレンスやそれを決めかねるジレンマなどが生じます。しかし、自分の中で相手との対決を重ねるにつれ、相手への洞察が深まり、他者受容がなされていきます。

5 自己と他者、双方からの視点の獲得

自分の中に相手の目を持ち、その目で自他を見直すところにロールレタリングの特色があります。視点を転換して自分を見直すことで、人間関係を客観視できるようになっていきます。

6 イメージ脱感作

相手に対する否定的なイメージが「本当は自分のことを考えて厳しくしてくれたのだ」と変わっていくように、ロールレタリングによって、これまでの誤ったイメージが改められていきます。

7 非論理的、不合理的思考への気づき

自分と相手からの訴え、語りかけを通して、これまでいかに非論理的、不合理的な思考を繰り返してきたか、ということに気づいていきます。

ロールレタリングの利点

●思いや考えを自由に書き表すことができる

　ロールレタリングは原則として、だれにも見せません。ですから、相手に対する敵意や反感などの否定的な感情を自由に書き表すことができます。つまり、安心して自分の心の中にある思いや考えをストレートに表出することができ、自分の問題性に気づくことができます。

●秘密を守ることができる

　他人にあまり知られたくないことは、たとえ、カウンセラーであっても秘密にしたいものです。カウンセリング場面において、クライアントがカウンセラーに必要以上に話しすぎたことを、後で後悔するケースは少なくないようです。一方、ロールレタリングは、原則として、書いた内容はだれにも見せないので秘密を守ることができます。

●カウンセラーとクライアントの感情対立を生じさせない

　人が自らを変えるためには、今の自分を変える不安や恐怖から生じる抵抗を克服し、解決していかなければなりません。し

かし、どうかすると、その抵抗がカウンセラーに向けられ、カウンセラーとクライアントの関係が対立化してしまうことがあります。ロールレタリングは、クライアント自身の内部対話により、自らを客観的に観察し、感情が明確化するため、内的かっとうは徐々に消えていきます。ですから、自分自身がカウンセラーであり、クライアントでもあるため、感情対立は生じないのです。

●カウンセラーの役割を保つことができる

　担任教師と児童生徒、あるいは親と子の間には、本質的に命令と服従、叱責と支持といった相反する調和しにくい面が存在します（ダブルロール）。ときにはそれが、対立や断絶といった結果をもたらすこともあります。実際、筆者の経験から考えても、さっきまで生徒に対して毅然とした態度で生活指導をしていたのに、10分後には相手の気持ちをくみ取っていくカウンセラー的な役割を演じるというのはとても難しいことです。しかし、ロールレタリングはクライアント自身がカウンセラーになり、自己内カウンセリングを行うので、そのようなことは心配ありません。教師はただその時間と場所を確保してやり、一種のヘルパー的存在でかかわればいいのです。

●集団での実施が可能である

　ロールレタリングはクライアント自身がカウンセラーでもあります。一人ひとりに、時間と場所を確保してあげるだけで、一斉にカウンセリングを実施することができます。学校のように1人の教師が40人近いクラスの子どもたちを対象にしている場では最適です。

書くことの効果

　人は書くという行為を通して、ただ「自己との対話」を行うのみでなく、その過程で気づきを深めます。そして、書き上げたときには創造の喜びや心の浄化作用であるカタルシスによる癒やしの効果が生まれると言われています。

　テキサス大学のJ・W・ペネベーカー博士は、「書くことは、心身の健康を改善し、内省を促し、考えや気分の洞察を深めさせる。そして、心の奥底にある感情に向き合って書いていくことで、心にある問題の解決に役立ち、心の平安を取り戻し、自分を客観的に見つめることができるようになる。さらに、トラウマについて書くことは、トラウマを組織化し、その結果、心が解放され、ほかの課題に取り組む勇気が出る」と述べています。

　このように、書くことは、心身を解放したり、自己の内面と対話し問題への気づきを促したりする方法として、極めて有効な作業であると考えられます。

ロールレタリングのやり方

１．ロールレタリングのテーマを決める

　テーマとは、手紙を書く対象となる人や物のことで、テーマとなる対象を一生懸命イメージすることが大切です。筆者の場合、ロールレタリングノートを一人ひとりに配布していくときに、生徒に目を閉じさせ、テーマをイメージさせます。ここで、しっかりイメージできれば、スラスラと手紙を書くことができます。

２．15分間、ひたすら手紙を書く

　もちろん、だれともしゃべらず、自分ひとりで行います。形式は自由なので、マンガチックに書いたり、縦書きにしたり、色ペンを使ったりしても構いません。自由に書きます。
　手紙をほかの人に見せたり、内容について話したりしないようにします。

３．期間を置いて返事を書く

　この返信の作業こそが、ロールレタリングの神髄だと言っても過言ではありません。これがスラスラ書けるようになると、

思いやりの気持ちが育ってきたと思ってもいいでしょう。最初はなかなか書けませんが、回を重ねるうちに少しずつ書けるようになってきます。
　ここでも、往信と同様、テーマとなる対象人物や物になりきらせることがポイントとなります。例えば、人であればその人の姿や表情、言い方などをしっかりイメージさせて、あたかも自分がその人であるかのように、前に書いた往信のノートを読み、自分自身にその返信を書くのです。

第2章　ロールレタリング

相手に手紙を書く

相手になったつもりで返事を書く

用意するもの

　基本的に紙と鉛筆だけあればＯＫです。

　ロールレタリングに用いる用紙は、便せんや原稿用紙、プリントなど何でも構いません。筆者は、ノートを使用しています。ノートは、保管に便利であり、後でこれまでの自分自身の気持ちを振り返ることができるからです。

　筆記具についても、色つきサインペンやマジックなど、自由に使用させています。子どもによっては、気分によって色を使い分けている場合もあります。子どもたちの感想からすると、ペンやマジックはスラスラと書き心地が良く、あふれ出た思考や感情を一気に気持ち良く書くことができるようです。

書く内容

　教師（指導者）は書いた内容を見ません。もちろん、親や友だちにも見せないので、本音で書くように指導します。形式については自由で、場合によっては、絵や吹き出しを使ってマンガチックに書いても良いのです。

　筆者は、小学校３年生の児童にロールレタリングを実施したとき、両親の絵を描き、それに吹き出しをつけました。そうすることによって、低学年の子どもができるだけ対象者をイメージしやすくし、感情を表せるように工夫したのです。

　また、学年を問わず、誤字、脱字、文章量などについては気にしないように指導します。

実施する時間

ロールレタリングは15分でできるので、朝の時間でも実施可能です。筆者は学級活動の最初の15分や、朝や帰りのホームルームの時間を使って行っています。また、道徳の題材に合わせてロールレタリングを取り入れてみるのも面白いでしょう。

ある学校では、「自分を見つめよう」というコースを総合的な学習の時間に設定し、週1回、ロールレタリングを行っているところもあります。

往復する期間

　期間については、学校のカリキュラム上の問題や子どもへの負担も考えて、隔週1往復くらいが適当です。往信と返信との間は3～4日開けた方が自分の書いた内容を客観的にとらえることができるでしょう。

　また、時間については、ロールレタリングの回数を重ねていくことで早く書けるようになりますが、15分くらいが適当だと思います。もちろん、子どもの実態に応じて、15分以上かけてじっくり取り組ませることも良いでしょう。

往復する回数

　春口氏は、「心を表出する→心のしこりが明確化する→焦点化→対決→自己の問題性に気づく」というロールレタリングのサイクルを考えると、より効果的にするためには同じテーマで数回往復することが望ましいと述べています。

　しかし、学校教育で特に学級集団を対象とした場合は、マンネリ化を防ぐために、毎回テーマを変えた方が良いと思います。ロールレタリングは回数を重ねることで、内容の深化が図られることは言うまでもありません。しかし、あまりに回数にこだわりすぎて、押しつけになってしまったり、ロールレタリングの実施に二の足を踏んでしまったりするようであれば、１回の実施でも構わないので行ってください。ぜひ、子どもたちにさまざまな「気づき」を促す機会を与えてほしいと思います。実際に、筆者の経験から、ロールレタリングを１回実施しただけで、保健室登校の生徒の心のしこりが解け、翌日、その生徒が教室に戻れたこともありました。

配布・回収・保管

　ノートの配布は原則として、教師が直接、一人ひとりの机に丁寧に置いていきます。また、可能であれば、回収も配布と同じようにします。手紙を書いている間は、ノートと向き合えるように静かな雰囲気を作ることが大切です。

　クラスで実施する場合、筆者はクラス全員のノートを保管できる箱を用意しています。そして、その箱に鍵をつけ、ロールレタリングを行うときだけ、その鍵を生徒の前で開け、生徒が心を開いてノートに向かえるような演出をしています。

ロールレタリングのテーマ

　教師のねらいに応じてテーマを設定します。ただ、慣れてきたら子どもにテーマを設定させても良いでしょう。最初は、自分とかかわりの深い人物（両親、家族、先生、友だちなど）をテーマとして設定します。さらに、日常使っている鉛筆や消しゴム、飼っているペットなど、人以外の物や動物にも感情移入ができるようになれば、子どもたちの感性はいっそう高まっていくでしょう。子どもたちの状況に応じて、「うまくいかない友だち」や「優しくしてくれる両親」などのテーマを具体的に設定し、ある想定下での実施を試みることもできます。

　筆者の経験からすると、学校現場では、体育祭のリーダーや合唱コンクールの指揮者などをテーマにして学校行事と関連させると高い効果が期待できると思います。

ロールレタリングテーマ例一覧

❀ 身近な人を対象に ❀

- 私 ⇄ 先生へ
- 私 ⇄ おうちの人
  （父・母・兄弟など）へ
- 私 ⇄ クラスの友だちへ
- 私 ⇄ おじいちゃん・
  おばあちゃんへ

❀ 学校行事と関連させて ❀

- 私 ⇄ 合唱コンクールの
  リーダーへ
- 私 ⇄ 自然教室の班員へ
- 私 ⇄ 修学旅行の班員へ
- 私 ⇄ 運動会のリーダーへ
- 私 ⇄ 夏休みを前にした
  私へ

❀ キャリア教育と関連させて ❀

- 私 ⇄ 10年後の私へ
- 私 ⇄ 職場体験でお世話に
  なった方へ
- 私 ⇄ 進路決定を前にした私へ
- 私 ⇄ 入試を前にした私へ
- 私 ⇄ 社会人となった私へ

第2章　ロールレタリング

❀ 学校生活と関連させて ❀

私 ⇄ うまくいかない友だちへ
私 ⇄ 心配な友だちへ
私 ⇄ いじめられている子へ
私 ⇄ １年ともに過ごした
　　　クラスの友だちへ

❀ 人物以外を対象に ❀

私 ⇄ ペットの○○ちゃんへ
私 ⇄ テレビゲームへ
私 ⇄ 携帯電話へ
私 ⇄ 時間へ
私 ⇄ 会社や学校のルールへ

❀ そのほか ❀

私 ⇄ 大切な○○へ
私 ⇄ 好きな自分へ
私 ⇄ 嫌いな自分へ
私 ⇄ 私をよくわかって
　　　くれる○○へ
私 ⇄ 小学校時代の先生へ

第2章　ロールレタリング

個人を対象に行う場合

　個人を対象にしたロールレタリングは、対象との往復書簡による、自分自身との対決であり、そこにはカウンセリング過程における教師との直接的な感情対決は生じません。よって、教師に対する抵抗も少なく、同時に現実の自分との対決が図られ、自分への気づきが促されます。さらに、独りよがりの誤解や独善的になりがちな思考や感情もロールレタリングで自分と相手の双方の視点から客観視することで、自分の問題性に気づき、自分の置かれた状態、自分と相手との関係、現在取るべき行動目標などについて、現実と対応した認識、判断を行えるようになります。

個人を対象に行う場合、面接を併用していくと効果が高いと思います。まず、導入段階では、書くことに慣れさせます。ロールレタリングの方法を説明した後、最も書きたい人をテーマにして、「私⇄親へ」「私⇄先生へ」というように、自由に手紙を書かせます。場合によっては往信だけでも構いません。その際、言いたいことや思ったことを書いて吐き出すことの気持ち良さや楽しさを味わわせるようにします。面接では、ロールレタリングについて感情面を中心に聴くことにします。

　次の段階では、自分自身をしっかり受け入れさせます。「私⇄大切な人へ」「私⇄迷惑をかけている人へ」など、自分と深いかかわりを持つ人からのロールレタリングで自分の価値を再確認させたり、再認識させたりします。このとき、自己否定的な子どもには、面接で良いところを教えてあげたり、かけがえのない存在であるということを伝えたりしてセルフイメージを高めさせます。

　最後の段階では、自分の問題と対決させるようにします。「私⇄学校に行けない私へ」「私⇄非行を繰り返す私へ」というように、実際に直面している問題との対決を図り、気づきを促していきます。面接では、「君が問題を解決していくために、先生も力になるよ」といった姿勢で児童生徒に寄り添い支えてあげます。

集団を対象に行う場合

　集団を対象にしたロールレタリングは、主に、小・中・高等学校などの学校教育現場において適用できます。個人療法としての機能を失うことなく、集団を対象とした個別心理療法を一斉に行えることが大きな特長です。子どもの内心にある欲求不満や不安を、クラス集団で、フォーマルな時間、場所、手段を用いてだれにも気がねすることなく自由に訴えることができます。まさに、これは個人療法としての機能を失うことなく、集団カウンセリングとしての効果を期待できます。

学校ではクラス単位で行うことが基本ですが、宿泊体験学習や林間学校などの集団宿泊的行事では、学年全体で取り組んでみるのもいいでしょう。ユニークなところでは、生徒会活動や部活動にも応用できます。

　筆者はクラスや学年などの集団で取り組む際、ゲシュタルト療法の理論を取り入れています。ゲシュタルト療法では、"気づき"を深める過程を「感情発散→自己の認識→相手の存在の承認」としています。

　そこで、ロールレタリングに、"気づき"を深める過程のそれぞれに対応する３つの段階、「ストレスを発散する段階」「自分を価値あるものととらえる段階」「他者の気持ちをくみ取る段階」を設定しています。そして、各段階に応じて、テーマを「私⇄うまくいかない友だちへ」「私⇄大好きな先生へ」「私⇄合唱コンクールのリーダーへ」など、日常生活、学校生活、学校行事に意図的・計画的に関連させるようにしていきます。具体的には、第３章の実践編で紹介しています。

ロールレタリングの展開例（中学校の場合）

生徒の学習活動	指導のねらい・留意点
1. 本時のロールレタリングのテーマを聞く。（3分） ・テーマについてイメージする。（黙想）	・生徒を落ち着かせ、静かな雰囲気を作る。 ・机の上の物はすべて片づけさせ、筆記具のみを用意させる。 ・棚から箱を出し、教壇に置く。 ・教師がテーマを提示し、板書する。
2. ノートを受け取る。（3分）	・生徒の目の前で鍵を取り出し、箱を開ける。 ・教師が生徒一人ひとりの机上にノートを置いていく。
3. 手紙を書く。（15分） ・絶対に話をしたりほかの人のノートを見たりしないようにする。 ・記述の内容は、原則としてテーマに沿って書く。 ・テーマについて経験がない場合でも想像して書く。 ・ノートを書き終えた生徒は、過去の記述分を振り返るか、ノートを閉じて静かに待つ。	・全員にノートを配り終わってから時間を計る。 ・どうしてもテーマと違うことを書きたい生徒がいる場合は、学級全体がそうならないように慎重に扱う。 ・筆記具の色や素材は自由に使わせる。また、記述形式も自由とする。場合によっては絵を使って表現しても良いとする。 ・書いていない生徒については、「なぜ、書けないのかな」「今の気持ちはどうかな」などのように問いかけ、そのことについて書かせる。 ・テーマが漠然として書けない生徒には、教師が具体的に書く視点を与える。 ・寝ている生徒は起こし、学級全体で活動している雰囲気を大切にするよう指導する。 ・できるだけ時間いっぱい取り組ませる。 ・ノートを書き終えても、原則としてほかの作業はさせないようにする。
4. ノートを提出する。（2分）	・教師がノートを一人ひとり回収し、生徒の目の前でノートを箱にしまい、鍵をかけて棚に入れる。

第2章 ロールレタリング

学校教育におけるロールレタリングの効果

ストレスの軽減

　ロールレタリングでは、自分の心の中にある思いをありのままに吐き出すので、ほとんどの子どもが「スーッとした」「イライラがなくなった」「気持ちが楽になった」などの感想を述べています。そして、回を重ねていくうちに、クラス全体が落ち着いていくことからストレスの軽減があると思われます。

　子どもたちは、自分にとって不快なことをすべて「ムカツク」という一語で済ませてしまい、微妙な感情の違いを感じ分けて表現する作業を省く習慣がついています。なぜ自分がイライラしているのかわからずに、またはわかろうともせずに、その自分に対するモヤモヤ感がストレスを一層強めていると考えられます。ストレスにうまく対処するためには、まず自分が「今、ストレス状態にある」ということに気づくことです。

　ロールレタリングは、自分自身に問いながら、わき上がってくるありのままの感情や考えを文章化していくことで、自己の感情や思考を明確化することができ、ストレスの軽減効果があると期待されます。

自尊感情の高揚

　ロールレタリングは、さまざまなテーマの人物から自分自身が受

け入れられていることを再認識させることで自己受容が促されたり、自分自身の成長を再確認させることで自分を肯定的にとらえるようになったりして、自尊感情が高揚していくものと思われます。

　他者から受け入れられているという感覚が自尊感情を促進することや、自分にとって大切な人から社会的に認められることが自己概念の形成にとって重要であることは、さまざまな研究から明らかにされています。

　ロールレタリングは、自分自身に身近な存在である両親、教師、友だちなどのテーマを設定することが多く、自分について良い感情を持ちたい、価値ある人間だと思いたいという自己高揚動機が働いて、自分にとって大切な人から受容されていることを再認識することで、自尊感情を高揚させていくものと考えられます。

共感性の向上

　ロールレタリングは、自分と相手の両者の立場に立って交互に手紙を交換し、相手の視点で自分自身を見つめ直していくことから、子どもに相手を気遣う言動が見られるようになり、共感性が向上していくものと思われます。

ロールレタリングの注意点

（1）子どもとの信頼関係を作る

「ノートは見ない」と約束している場合、興味本位でノートを見るべきではありません。しかし、子どもが命にかかわるようなサインを出している場合は、教育者という立場で目を通す必要があるでしょう。ただし、やむを得ず見た場合も、ノートを使っての指導は絶対にすべきでないことは言うまでもないことです。また、逆にノートを見てほしい場合には、付せんをはらせるのもひとつの方法でしょう。

（2）早急に効果を求めない

　私たち教師はすぐに効果を求めようとしがちです。しかし、ロールレタリングは、教師ではなく子ども自身が効果を感じることが最も大切です。「気づき」は一瞬にして生じることが多いと言われますが、教師は「ロールレタリングの効果は漢方薬のようにジワーッと現れてくるものだ」という大きなスタンスが必要でしょう。

（3）書いた内容を見せたり話したりさせない

原則として、教師に思いや気持ちを伝える以外は、ロールレタリングで書いた内容をクラスの仲間や友だちに見せたり、話したりさせないようにしましょう。安易にそのようなことを許すと、「私→友だちへ」のロールレタリングで「ぼくはＡ君に悪口を書いたよ」「私もＡ君にムカついたことを書いた」などとなり、逆にいじめにつながる危険性があるからです。

（４）書かない、書けない子どもがいてもしからない

　書かない、書けないことにも意味があります。「なぜ書かないのかな？　テーマとは関係なく、書かない理由でも何でもいいから書いてみよう」などの返しができればベストでしょう。また、書いていなくても頭の中で考えていることもあるので注意してください。

（５）机間巡視は控え、温かく見守る

　授業では、教師が机間巡視することは当然ですが、ロールレタリングに関しては、それを控えてください。なぜなら、教師からノートをのぞかれているのではないかと思い、落ち着いてロールレタリングに取り組めないからです。また、ロールレタリングを行っている最中は、教師は教壇の前で一人ひとりを温かく見守ってほしいと思います。子どもにはロールレタリング

をさせ、教師がほかの仕事をせっせとしているようでは、子どもたちはあまり真剣に取り組もうとしません。教師が一人ひとりの悩みや訴えを受容的に聞いているのだというカウンセリング的態度が必要です。

（6）高圧的・権威的な態度で行わない

　心理技法全般に言えることですが、治療者がクライアントに強制的に押しつけて実施させてもうまくはいきません。

　ロールレタリングも同様で、例えば教師が「今日はいじめがあったからロールレタリングをする」などと言って指導的立場で行っても、子どもたちは本心でノートに向かうことは少ないでしょう。教師は子どもの心の成長を手助けする支援者という立場で実施することが望ましいと思います。

　筆者も以前、あることでクラスを説教した後、ロールレタリングを実施したことがあります。そのときの雰囲気は最悪で、生徒たちのほとんどは乗ってきませんでした。たった1回の出来事で、後のロールレタリングの実施は気まずいものとなり、その年はうまくいかなかった苦い経験を持っています。

（7）ロールレタリングと面接を併用する

　ロールレタリングだけでも効果はありますが、面接と併用す

第2章　ロールレタリング

ると、さらに効果が高まります。ロールレタリングの内容を見ない代わりに、手紙を書いたときの複雑な気持ちを受容する面接は効果的です。授業中や休み時間などの行動観察も重視しておくことも大切です。また、深刻な悩みや自傷行為が疑われる場合については、面接を行いながら、子どもの心の動きに気を配り、ロールレタリングを行うことが大切です。

脳科学から見たロールレタリング

　今や空前の脳科学ブームと言われ、書店には脳関係の書籍がところせましと並べられ、脳に対する一般の人々の関心が高まっています。

　私たちの大脳は上から見ると、左右２つの半球に大きく分かれていることが確認できます。この２つは「左脳」と「右脳」と呼ばれ、それぞれに役割分担がなされています。左脳は「言語脳」とも言われ、声や音を認識し、言語を発したり、文章を書いたりする能力をつかさどっています。一方、右脳は「イメージ脳」と言われ、直感やひらめき、イメージで思考したり、他者の感情を読み取ったりする能力をつかさどっています。そして、健康な人の脳は、常に左右の脳が情報交換を行いながら働いています。つまり、私たちは左脳と右脳をバランスよく使って生活しているのです。

　このことから考えると、ロールレタリングは文字を介して、相手に手紙を書くという作業と相手の立場になってイメージして自分に手紙を書くという作業を交互に行っており、左脳と右脳をバランスよく働かせていく心理技法であると言えます。

　今回は、脳の活動状況を調べる医療機器のひとつである光トポグラフィーを用いて、ロールレタリング実施中の酸化ヘモグ

ロビンの変動を検討してみました。光トポグラフィーは近赤外光を頭皮上から照射し、脳を通って再び頭皮に戻る散乱光を検出することで、大脳皮質の血液中のヘモグロビンの変動を検討し、脳の活動の様子を画像化していくものです。このことにより、脳のどの部位が働いているかを、瞬時にとらえることが可能となります。

中学1年生10名に協力してもらい、表1のような手続きでロールレタリング時の酸化ヘモグロビンの変動を見ていくことにしました。

表1．手続き

コントロール 30秒間	ロールレタリング 30秒間	コントロール 30秒間	ロールレタリング 30秒間	コントロール 30秒間	ロールレタリング 30秒間	コントロール 30秒間	ロールレタリング 30秒間	コントロール 30秒間	ロールレタリング 30秒間	コントロール 30秒間
昔話を書く	テーマ 母	昔話を書く	テーマ 父	昔話を書く	テーマ 先生	昔話を書く	テーマ 友だち	昔話を書く	テーマ 先輩	昔話を書く

昔話を書くとは、桃太郎の一部分「むかしむかし、あるところにおじいさんとおばあさんがいました。おじいさんは山へ芝刈りに、おばあさんは川に洗濯に行きました」を30秒間書くことです。

生徒にとって心理的につながりの深い人物をテーマにロールレタリングの往信を30秒書き、交互に5テーマ行ったあと、15分の休憩後、同じ要領で返信を書いてもらいました。

その結果、ロールレタリング実施中では、前頭部の酸化ヘモグロビンは増加し、コントロール課題とした非負荷時（昔話を書く）においては元に戻りました。また、さらに興味深いことに、ロールレタリングの往信時と返信時では、酸化ヘモグロビンの増加部位に差異が見られました。往信時では、左脳と右脳に酸化ヘモグロビンの増加が見られました（図１）。返信時においては、右脳を中心に酸化ヘモグロビンの増加が見られました（図２）。ロールレタリングで相手から自分に手紙を書く行為では、相手をイメージし、相手の立場になることで、「イメージ脳」と呼ばれる右脳が活性化したのかもしれません。

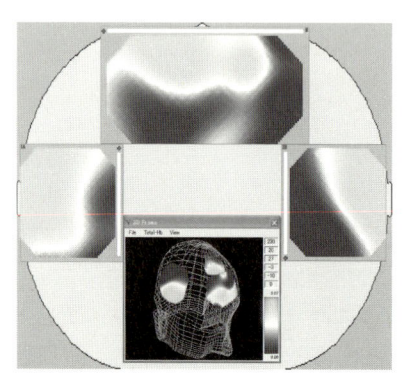

図１. 往信時の酸化ヘモグロビン変動
左脳と右脳に酸化ヘモグロビンが増加

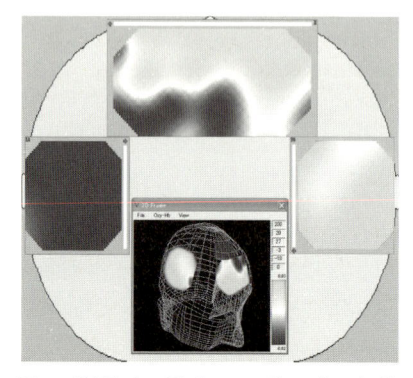

図２. 返信時の酸化ヘモグロビン変動
右脳を中心に酸化ヘモグロビンが増加

Q&A 1

Q. クラスでロールレタリングをする場合、みんな同じテーマでないといけないのですか？

A. 別のテーマであっても構いません。しかし、ロールレタリングを実施し始めのころは、クラスでテーマを統一したほうが良いと思います。まだロールレタリングに慣れていない子どもにいろいろなテーマを与えたり、自由にテーマを決めさせたりしても、かえって混乱を招くおそれがあります。「どのテーマにしていいかわかりません」「テーマが思い浮かびません」などとクラス全体が蜂の巣をつついたような状態になっては、場の雰囲気が壊れ、ロールレタリング実施にマイナスとなります。

筆者は、ロールレタリングがクラス全体に浸透し、軌道に乗るまでは、教師のねらいに応じて、発達段階を考慮し、日常生活や学校生活、学校行事等と関連させながらテーマを与えることにしています。

Q&A 2

Q. 個別で行う場合は、どのような場所で行うのが適していますか？

A. 個別で行う場合は、子どもが安心してロールレタリングに取り組むことができる落ち着いた場所が良いと思います。また、教師は子どもに寄り添う受容的態度で接することを心がけます。ただ、あまりに距離が近いとノートの中身が見られるのではないかと集中できないようです。また、ノートを持たせて「これに書け」と言って、子どものみを相談室に入れ、ドアをパタンと閉めるのも、従来の反省文のようで感心しません。ぜひ、教師は子どもが信頼して、自己内省できる雰囲気作りを心がけてほしいと思います。

余談ですが、春口先生は認知症の予防や進行を抑えるために、回想療法において、お年寄りに昔なつかしい「赤とんぼ」や「ふるさと」などの曲をBGMに流し、幼少期の楽しい思い出が回想できる雰囲気でロールレタリングを実施されているそうです。

第 3 章
実 践 編

実践① エゴグラムで生徒の自己変容を促進

　中学生の時期は主体的な自我の確立を求め、自己のあり方や生き方について関心が高まる時期です。その一方、明確な自己像を持つことができず、自分に対する仲間の態度や評価で動揺しやすく、自信を失ったり、自己嫌悪に陥ったりすることも少なくありません。

　このような時期に生徒たちが自分の長所や短所を見つめながら、自己を改善・向上させていく活動を行うことは、自己の存在価値の認識を高め、自己確立や自己実現を図るための基盤になっていくものと考えます。

　ここでは、エゴグラムを活用して、生徒に自己理解を深めさせ、自分にとってより良いあり方や生き方を模索させていく実践を紹介します。

　今回は、中学校2年生33名を対象に、エゴグラムを活用して自己変容を促す行動計画を立て、1か月にわたって実践し、その後のエゴグラムの変化を見ました。

指導・援助計画

　個人のエゴグラムの一番高い箇所がグループの中でどのようになっているかをグラフで示したものをピークエゴグラムといいます。

　ピークエゴグラムから本学級の中学2年生33名の特徴を見てみると、FC（自由な子ども）の部分とNP（養護的な親）の部分がピークの生徒が多いことがわかります。明るく楽しい面を持っている生徒と親切で思いやりのある生徒が多い学級です。しかし、CP（批判的な親）の部分がピークの生徒がいないため、この学級は責任感を持って行動する厳格さに欠けていることが読み取れます（図1）。

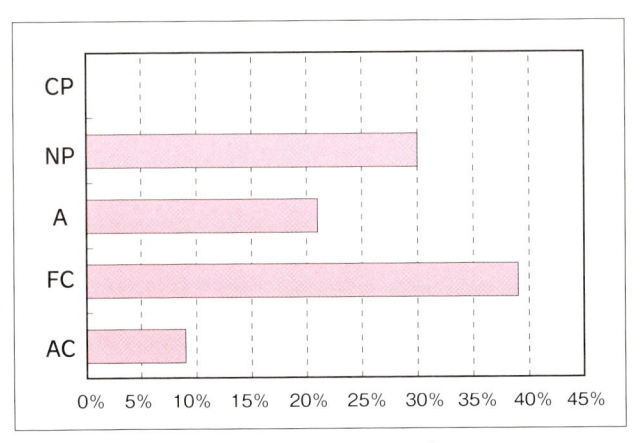

図1. 学級のピークエゴグラム

ある集団の指導・援助をどのようにすれば良いかを、交流分析的に考えるときに参考になるのがボトムエゴグラムです。エゴグラムの中で一番低い箇所が、その人の最も表しにくい部分です。エゴグラムの一番低い箇所がグループの中でどのようになっているかをグラフで示したものをボトムエゴグラムと言います。そのグループに欠けている心の働きが一目でわかり、どこを強めたら良いかという方針を立てることができます。同様に、ボトムエゴグラムから学級を見たところ、ＣＰ（批判的な親）の部分が一番低い生徒が４割以上であり、最も多くなっています（図２）。

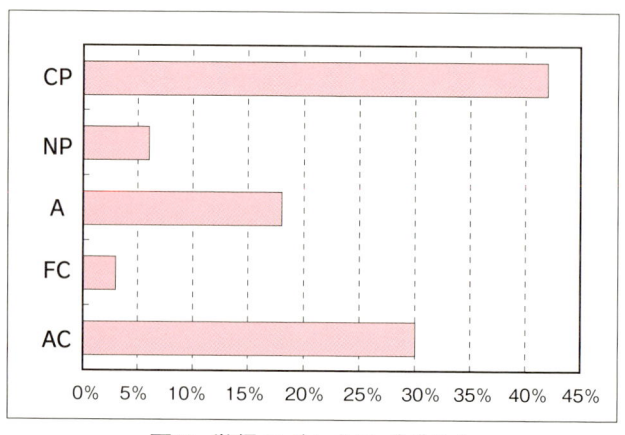

図２．学級のボトムエゴグラム

前に述べたピークエゴグラムとの関連で見てみると、ＦＣ（自由な子ども）の部分がピークの生徒が多く、ＣＰ（批判的な親）の部分がボトムの生徒が多いので、各自が自由に感情や欲求を表現できる反面、責任感に欠け、遊びに興ずる傾向があることがうかがえます。これらのことから、本学級の生徒には、決めたことはきちんと守らせたり、自分に厳しくして要求水準を高めさせたりすることが必要であると考えます。

学習計画

段階	学習活動	指導上の留意点
STEP 1 "気づく"	1. エゴグラムチェックリストを記入し、グラフを作成する（1回目） 2. エゴグラムについて理解する 　（1）エゴグラムとは 　（2）エゴグラムの5つの心の働き 3. 自分の心の状態を知る	○あまり深く考えずにインスピレーションで記入させる ○エゴグラムで優劣を決めるものではないことを確認させる ○高い部分や低い部分の特徴をつかませる ○エゴグラムは成長とともに変化することを確認させる ○自分のエゴグラムを参考に、今の自分を客観的にとらえさせる ○気づくことが自己を変える第一歩であることを理解させる
STEP 2 "もとめる"	1. 自分のエゴグラムを参考に、めあてを立てる 2. より良く自分を変えるために、具体的な方法を考える 3. 1か月間行う望ましい行動を確認する	○一番低い部分からめあてを立てさせる ○低い部分を上げる方法を考えさせる ○自分を変えるためには「抵抗」が生じることを理解させる ○自分を変えるということはP、A、Cのエネルギー配分を変えることを理解させる（心的エネルギー一定の法則） ○1か月間使用するチェック表に記入させる
STEP 3 "まとめる"	1. エゴグラムチェックリストを記入し、グラフを作成する（2回目） 2. 1か月前に行ったエゴグラムと結果を比較する 3. シェアリングを行う	○1回目と同様に、あまり深く考えずに記入させる ○1か月後のグラフに色をつけ、視覚的に違いをとらえさせる ○机間巡視をし、気になる生徒には助言や指示を与える ○人のエゴグラムを無理に見たり、見せたりさせない ○感想や意見を自由に交換させる

STEP 1　"気づく"段階

　この段階では、エゴグラムを実施し、自己への気づきを促すことをねらいとしました。まず、生徒にエゴグラムの記入の仕方を簡単に伝え、1回目のエゴグラムを実施しました。生徒にはあまり深く考えないでインスピレーションで答えさせるようにしました。次に、エゴグラムの考え方や見方について理解させました。ここでは、特に、エゴグラムで優劣を決めるものではないということを押さえました。最後に、作成した自分自身のエゴグラムを使って自己分析をさせました。

1回目のエゴグラムに取り組んでいる様子

STEP 2　"もとめる"段階

　この段階では、エゴグラムの結果からより良く自分を変えるための望ましい行動を考えることをねらいとしました。まず、前時に作成した自分のエゴグラムの一番低い部分からめあてを立てさせることにしました。その際、本学級の生徒の実態から他人任せで自ら行動しようとする生徒が少ないため、ＡＣ（従順な子ども）の部分は、慎重に扱うようにしました。今回は、子どもの伸び伸びとしたエネルギーを大切にするため、たとえ、ＡＣが一番低い部分であっても４点以下を対象とし、ＡＣが５点以上あれば次に低い部分からめあてを立てさせることにしました。

　次に、低い部分を上げる方法を言葉や態度面から具体的に考えさせることにしました。最後に、それらを１か月間実施するために、チェック表（資料１）に記入させ、確認させました。

第3章 実践編

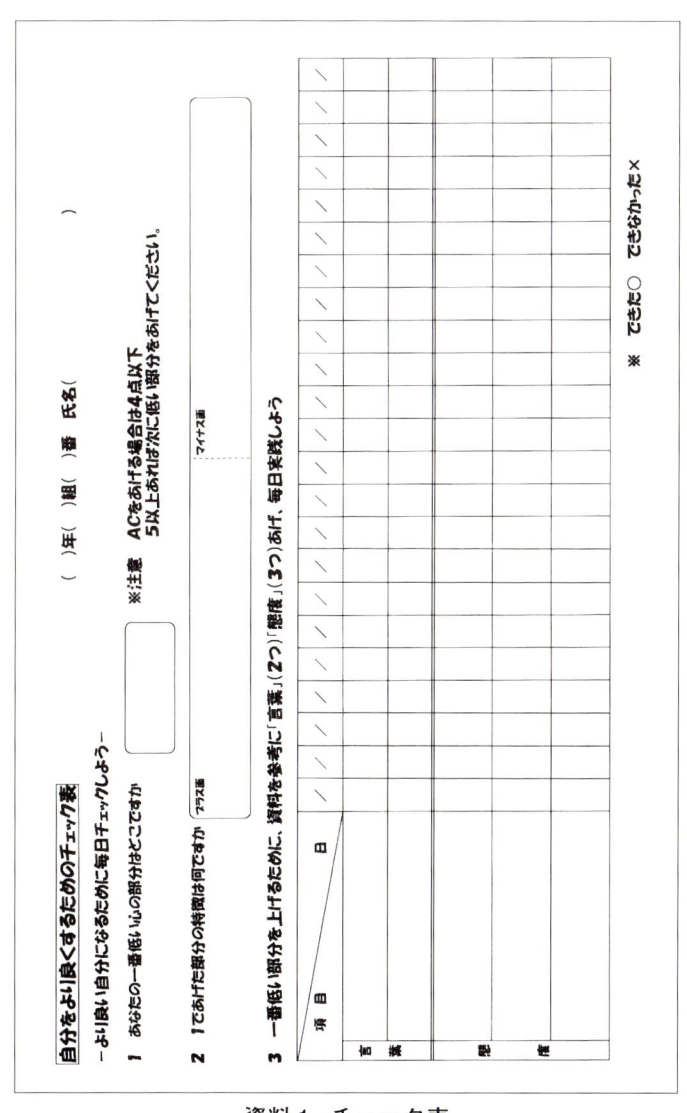

自分をより良くするためのチェック表

—より良い自分になるために毎日チェックしよう—

( )年( )組( )番 氏名( )

1 あなたの一番低い心の部分はどこですか　　プラス面 □

2 1であげた部分の特徴は何ですか　　マイナス面 □

※注意　ACをあげる場合は4点以下
　　　　5以上あげれば次に低い部分をあげてください。

3 一番低い部分を上げるために、資料を参考に「言葉」(2つ)「態度」(3つ)あげ、毎日実践しよう

項目＼日								
言葉								
態度								

※ できた○　できなかった×

資料1. チェック表

113

STEP 3　"まとめる"段階

　この段階では、1か月間、望ましい行動を取った後、2回目のエゴグラムを実施し、自己の変容をとらえ、まとめることをねらいとしました。まず、2回目のエゴグラムを1回目のエゴグラムのときと同様に、生徒にあまり深く考えさせないようにして実施しました。次に、1か月前に実施した1回目のエゴグラムの結果と今回の結果を比較させました。最後に、今回の学習を振り返り、生活班で感想や意見を出し合って、班員同士で思いや考えを分かち合うようにしました。

1回目と2回目のエゴグラムを比較している様子

結果と考察

図3は学級のピークエゴグラムを、1か月間望ましい行動を取らせたときの実施前と実施後で比較したものです。NP（養護的な親）の部分のピークが30.0％から39.0％に上昇し、自他肯定の構えを持つ生徒が増えてきたと考えられます。

一方、FC（自由な子ども）のピークが39.3％から33.3％に下降し、他者のことをあまり考えない自己中心的な生徒が減ってきたと思われます。

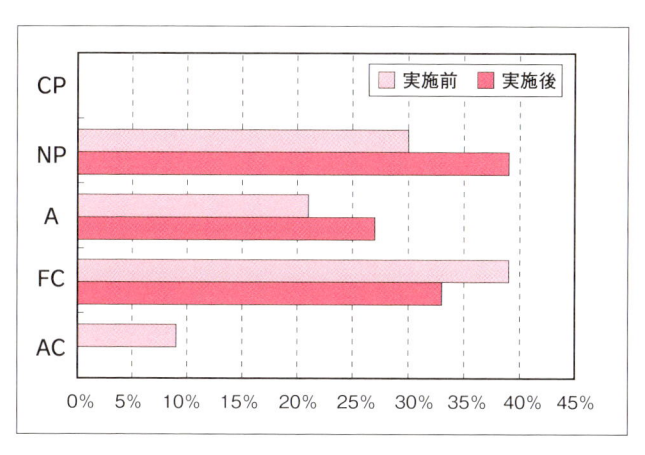

図3．学級のピークエゴグラムの変容

第3章　実践編

　図4は学級のボトムエゴグラムを、1か月間望ましい行動を取らせたときの実施前と実施後で比較したものです。ＣＰ（批判的な親）の部分が42.4％から27.2％と大きく下降し、自分に甘く責任感に欠けていた生徒が、1か月間望ましい行動を取るように心がけ、それを毎日チェックしていくことで、自分に厳しく「理想の自分」を追求できるようになったことが考えられます。
　また、ＡＣ（従順な子ども）の部分が30.3％から48.5％と上昇し、他者に依存的でいつも相手の期待に添おうと無理をしていた生徒が、自分に自信を持ち、積極的に行動できるようになってきたものと思われます。

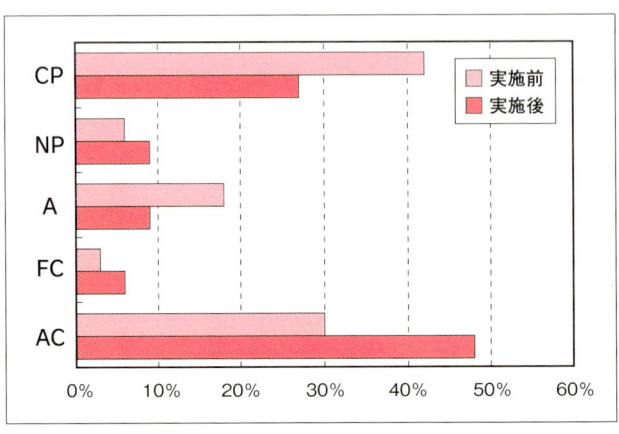

図4. 学級のボトムエゴグラムの変容

生徒の感想とエゴグラムの変容

　A子は、当初、自己の変容をあまり期待していませんでした。しかし、CPを上げるために、どうすれば良いかを考え、それらを実行したおかげで、本人が驚くような成果を得ていることがわかります。

A子のエゴグラム比較後の感想

> 最初は「1ヵ月で変化があるわけない」と正直、思っていました。しかし、今回のグラフで自分の心の状態が分かってびっくりしました。CPを上げるためには、「どうすればいいのだろう」と考え、それを実行することによって変化が出て、すごいなぁと思いました。

A子のエゴグラムの変容

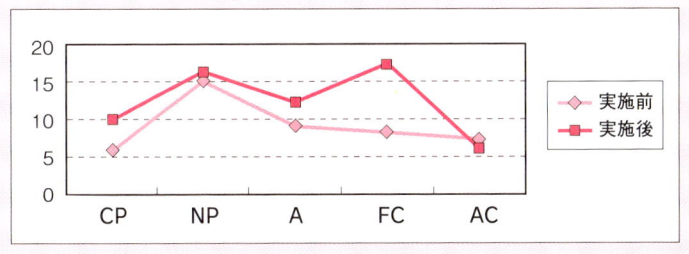

	CP	NP	A	FC	AC
実施前	6	15	9	8	7
実施後	10	16	12	17	6

第3章 実践編

　B男は、エゴグラムの低い部分を上げる方法を、1か月間、続けたことで、エゴグラムが変化し、そのすごさを感じていました。「1か月前は低かったのが、1か月後には少し上がっていた」と、一番高いFC以外はすべて上がっていたことに驚いていました。

B男のエゴグラム比較後の感想

グラフを比較して見ると、エゴグラムの上げる方法などを教えてもらい、それを1ヶ月ほど続けると、1ヶ月前は低かったのが1ヶ月後には少し上っていたエゴグラムはすごいなと思った。でもふしぎなことに、1番高かったところは何もかわってなかった

B男のエゴグラムの変容

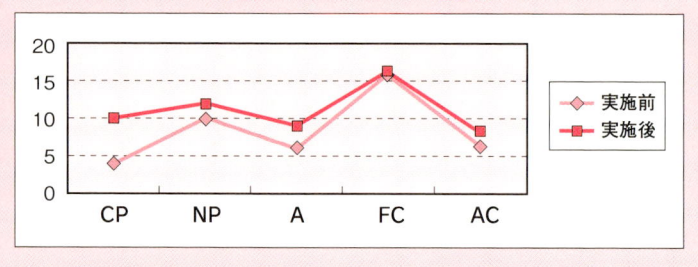

	CP	NP	A	FC	AC
実施前	4	10	6	16	6
実施後	10	12	9	16	8

C男のエゴグラム比較後の感想とC男のエゴグラムの変容

> 今回の学習を振り返って自分の弱い所、いい所のバランスがとれてよかったと思います。またエゴグラムをする機会があったらやってみたいと思います。

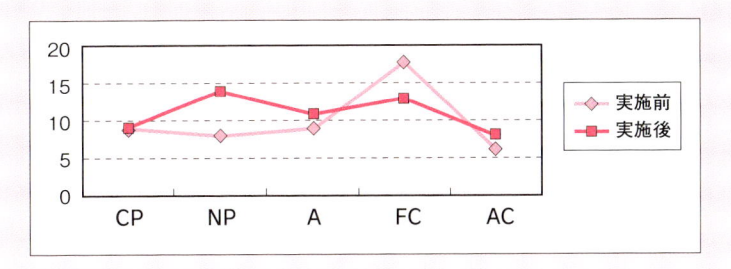

D子のエゴグラム比較後の感想とD子のエゴグラムの変容

> 正直、これをして、何のためになるのかと思うこともありました。けど、この学習を通して、今、自分に必要なものが何なのか、知ることができました。1ヶ月で、こんなに変わるなんて凄いと思いました。これからは、自分の苦手をのばしていきたいです。

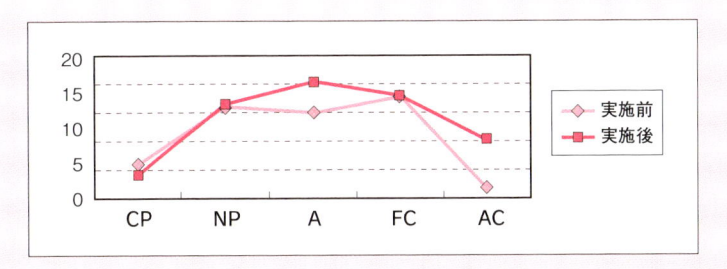

行動観察から見えてきた変化

　"気づく"段階では、ほとんどの生徒が、自分が1か月で変容するかどうか半信半疑でした。しかし、"もとめる"段階で、自分が立てた望ましい行動を毎日チェック表で確認していくことで、習慣化され、自分自身が変わっていく手ごたえを感じていました。

　実際に、学級の生徒一人ひとりが委員会や係の仕事に責任を持つようになり、同時に、仲間を大切にしていく親和的な雰囲気が生まれてきました。

　"まとめる"段階後、すぐに生徒会役員選挙があり、生徒会長をはじめ、役員への立候補者がどの学級よりも多く出ました。学校のリーダーとして全体を引っ張っていこうとする生徒が目立ちました。

　そのうちの一人のE男は、「エゴグラムの低い部分を上げることで、友だちとのかかわりが上手になったし、友だちのことを思いやれるようになった。また、友だちに『性格が明るくなったね』と言われ自信がついてきた」とうれしそうに語り、その後生徒会の書記として、生徒会新聞を発行し、生徒会活動の推進やいじめ防止の啓発に精力的に活動していました。

第3章　実践編

　今回はエゴグラムを用いて、生徒の自己変容を促進させていきました。

　授業後、ほとんどの生徒が「自分のことがわかり面白かった」「自分を変えるための方法を知り、とても役に立った」など好意的な感想を多く述べていました。生徒は、自己への気づきから、自分にとってより良いあり方や生き方を考えていく姿が見えました。このことは、子どもたちに、今求められている「生きる力」をはぐくむことへとつながっていくものと考えます。

実践② ロールレタリングで生徒のメンタルヘルスを促進

　近年、学校教育現場では、「いじめ」「不登校」「校内暴力」などのさまざまな問題行動が生じ、大きな社会問題となっています。これらの問題行動の背景には、子どものストレス増大、自尊感情の欠如、共感性の低下などが挙げられ、子どものメンタルヘルスと大きく関係していることが教育学者や教育関係者から指摘されています。

　ここではロールレタリングを使って、子どもたちのストレス軽減や自尊感情の高揚、共感性の向上を図り、子どものメンタルヘルスを促進させていく実践を紹介します。

　ロールレタリングの創始者である春口氏は、「人は"気づき"によって、メンタルヘルスを促進することができる」と述べています。また、春口氏がロールレタリングを創始するに当たってヒントを得たゲシュタルト療法では、"気づき"を深める過程を、「クライエントの感情発散→自己の認識→相手の存在の承認」としています。

　そこで、学級経営にゲシュタルト療法の理論を取り入れ、「ストレスを発散する段階」「自分を価値あるものととらえる段階」「他者の気持ちをくみ取る段階」の3段階に設定し、各段階に応

じてロールレタリングのテーマを日常生活や学校生活、学校行事に意図的・計画的に関連させました。

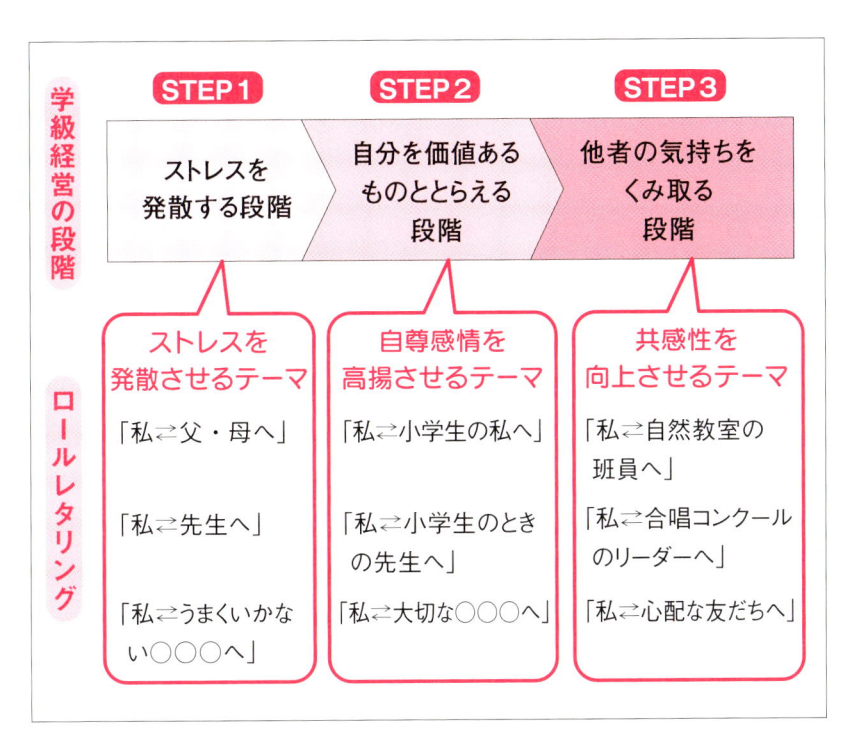

学級経営の段階	STEP1 ストレスを発散する段階	STEP2 自分を価値あるものととらえる段階	STEP3 他者の気持ちをくみ取る段階
ロールレタリング	ストレスを発散させるテーマ 「私⇄父・母へ」 「私⇄先生へ」 「私⇄うまくいかない○○○へ」	自尊感情を高揚させるテーマ 「私⇄小学生の私へ」 「私⇄小学生のときの先生へ」 「私⇄大切な○○○へ」	共感性を向上させるテーマ 「私⇄自然教室の班員へ」 「私⇄合唱コンクールのリーダーへ」 「私⇄心配な友だちへ」

図5. 学級経営の段階に応じたロールレタリングの工夫

今回は中学校1年生35名を対象に、5か月間にわたって、隔週2回、1回15分で計18回のロールレタリングを実施しました。

STEP1　ストレスを発散する段階

1回目	「私→父・母へ」
2回目	「父・母→私へ」
3回目	「私→先生へ」
4回目	「先生→私へ」
5回目	「私→うまくいかない○○○へ」
6回目	「うまくいかない○○○→私へ」

　この段階では、生徒の複雑な人間関係や学業などから生じるさまざまなストレスを発散することをねらいとしました。

まず、生徒にとって日常、身近な存在である父・母に対して、日頃の不平・不満を思いっ切り吐き出させるために、「私→父・母へ」「父・母→私へ（3日後）」というテーマでロールレタリングを実施しました。

次に、学校生活で常に接している教師に対して、思っていても言えないことや悩みを訴えられるように、「私→先生へ」「先生→私へ（3日後）」というテーマで実施しました。

最後に、現在または過去において自分とうまくいっていない友だちに対して、自分の考えやわき上がる感情などをありのまま表出できるように、「私→うまくいかない○○○へ」「うまくいかない○○○→私へ（3日後）」というテーマで実施しました。

私→先生へ（3回目）

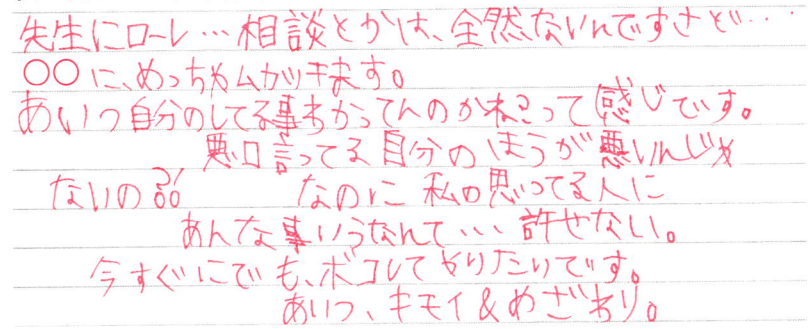

> 先生にロール…相談とかは、全然ないんですけど…
> ○○に、めっちゃムカツキます。
> あいつ自分のしてる事わかってんのかネ？って感じです。
> 悪口言ってる自分のほうが悪いんじゃないの？？
> なのに 私の思ってる人に あんな事いうなんて…許せない。
> 今すぐにでも、ボコして やりたいです。
> あいつ、キモイ＆めざわり。

資料2．F子のロールレタリングの記述内容

教師に対して普段言えないことや、自分の感情をありのままに、赤いペンを使って書いています。

STEP2　自分を価値あるものととらえる段階

7回目	「私→小学生の私へ」
8回目	「小学生の私→私へ」
9回目	「私→小学校のときの先生へ」
10回目	「小学校のときの先生→私へ」
11回目	「私→大切な〇〇〇へ」
12回目	「大切な〇〇〇→私へ」

　この段階では、自分自身を好意的に評価しようとする自己高揚動機の働きを生かし、生徒が自分を価値あるものととらえる

ようになることをねらいとしました。

　まずは、生徒が自分の成長を実感できるように、「私→小学生の私へ」「小学生の私→私へ（３日後）」というテーマでロールレタリングを実施しました。次に、同じく自分の成長を他者の目から再確認できるように、「私→小学校のときの先生へ」「小学校のときの先生→私へ（３日後）」というテーマで実施しました。

　最後に、自分にとって大切な他者から受け入れられていることを再認識できるように、「私→大切な○○○へ」「大切な○○○→私へ（３日後）」というテーマで実施しました。

大切な親→私へ（12回目）

> どうもありがとう。自分の大切な人はあなたです。今私は、たいしたことをしていません。ほんの少しあなたのぐちをきいてやくにたちそうじゃないアドバイスをいうしかできませんがしそのことがあなたの心のささえになっているのなら、これからもずっとぐちをいってください。今わたしができることはそれくらいですから…。ぶかつのない日はいきたいところをいってください。それがむりなところでなかったらつれていきますから。あと自分の体はだいじにしてください。べんきょうにぶかつに生活に、毎日ねっしんにしてください。これからいろんなことがあるかもしれないけどめげずにがんばってくださいよ。おうえんをしていますから。

資料３．G男のロールレタリングの記述内容

自分にとって大切な他者（親）から受け入れられ、自分を価値あるものと見なしています。

STEP 3　他者の気持ちをくみ取る段階

13回目	「私→自然教室の班員へ」
14回目	「自然教室の班員→私へ」
15回目	「私→合唱コンクールのリーダーへ」
16回目	「合唱コンクールのリーダー→私へ」
17回目	「私→心配な友だちへ」
18回目	「心配な友だち→私へ」

　この段階では、生徒が相手の立場に立って自分の思いを働かせ、他者の気持ちをくみ取れるようになることをねらいとしました。

　まず、自然教室のときに班員がそれぞれ仲間のことを思って協力していくために、「私→自然教室の班員へ」「自然教室の班員→私へ（3日後）」というテーマでロールレタリングを実施しました。

　次に、合唱コンクールでクラスをまとめてがんばっているリーダーの気持ちを考えるために、「私→合唱コンクールのリーダーへ」「合唱コンクールのリーダー→私へ（3日後）」というテーマで実施しました。

最後に、生徒の周りにいる心配な友だちに対して思いを寄せるために、「私→心配な友だちへ」「心配な友だち→私へ（３日後）」というテーマで実施しました。

心配な友だち→私へ（18回目）

> そういうことをする時は、自分がむしゃくしゃしてる時だと思う。
> いやな時はいやとはっきり言えばぼくもやめる。
> もしやめない時は、先生に言ったらいい。それか友にしなければ
> いつかやめると思う。何か言われたら受け流すのもいいかもしれない。
> そこで〇〇が手をだしたらいけないので、口で言って注意してほしい。

資料４．H男のロールレタリングの記述内容

入学時からよくけんかしている友だちの立場になって、自分の思いを働かせて書いています。

ストレスを発散する段階の結果と考察

　資料5はF子の学習後の感想です。普段言えない人物へ不満や悩みを文章で訴えることで、さまざまなストレスを発散しているとともに、発散後は嫌な相手に対しても理解を示し、感情をコントロールしていることがわかります。

> 私は、ローレでストレスが解消されました。普段言えない人への不満や悩みなどを書くことで、自分以外の相手の気持ちを考える事ができたし、自分は変わったと思います。最初は、嫌な相手に対し不満があった事もあったけれど、相手ばかりが悪い訳ではないと理解する事ができました。ローレは私にとって、心の安らぎです。

資料5．F子の学習後の感想

ロールレタリングの導入初期段階にもかかわらず、ほとんどの生徒が一心不乱にノートに向かっていました。特に、「私→先生へ」のテーマのときには、生徒は好んで楽しそうに書いていました。日頃思っていても言えないことや悩みをありのまま表現することですっきりした表情をしていました。

　また、「私→父・母へ」「私→先生へ」「私→うまくいかない○○へ」でさまざまな人物に自分の考えや感情を色つきサインペンで思いっ切り書き表していた生徒は、手紙を書き終えたあとはとても落ち着いていました。

　ストレスを発散する段階後、生徒たちは学級で笑顔が多く見られるようになってきました。

自分を価値あるものととらえる段階の結果と考察

資料6はG男の学習後の感想です。自分自身を好意的に評価したいとする自己高揚動機が働いて、いろいろなことを言われても「自分は自分なんだ」という自信を持ち、自尊感情を高め、物事を前向きにとらえて積極的に取り組もうとしていることがわかります。

> 僕は、ロールをする前は、自分に対して自信が持てませんでした。どうしてかと言うといろんな人からいろいろ言われていたからです。でもロールをしてみて、「自分は自分なんだ」という気持ちになり、人の言うことを気にしなくなったし、いろんなことにもやる気も出てくるようになりました。ロールで自分がとても前向きになりました。

資料6．G男の学習後の感想

この段階は、ロールレタリングのテーマが「小学生の私→私へ」「小学校のときの先生→私へ」など、過去の自分を振り返るものが多かったためか、じっくり考えて取り組んでいる生徒の姿が目立ちました。
　「小学生の私→私へ」「小学校のときの先生→私へ」というロールレタリングでは、小学校のときにがんばっていたことを思い出し、自分を励ますようにノートいっぱいに書いている生徒もいました。
　またG男は、「大切な○○○→私へ」というロールレタリングで、設定時間の15分間を5分間延長してじっくりと取り組んでいました。そして、書いた後もその内容を何度も読み返してはほほ笑んでいました。
　自分を価値あるものととらえる段階後、生徒たちは学習や部活動にいっそう力を注ぐようになったり、ある生徒は、後期の代議員に立候補して学級をまとめたりするようになりました。

他者の気持ちをくみ取る段階の結果と考察

　資料7はH男の学習後の感想です。「私→心配な友だちへ」のロールレタリングで、入学当初にからかってけんかした友だちに対して書いていました。また、「心配な友だち→私へ」というロールレタリングでは、入学当初にからかってけんかした友だちの顔をチラチラ見ては、相手の思いを想像しながら書いていました。実際にロールレタリングの内容の通りに相手に接したことで仲直りすることができ、自分の思いを働かせて、他者の気持ちをくみ取り、それを行動に移して人間関係を保っていることがわかります。

> 僕は、入学して間もない頃、よくけんかをしていました。その時は、相手の気持ちがよくわからなかったからです。しかしこの前、友達に悪口を言われた時、ロレに書いた内容と似ていたので、そのとおりに接してみると仲直りできました。その時「入学の時けんかした相手はこんなに大変だったんだ」と思い、ロレをして良かったなあと実感しました。

資料7．H男の学習後の感想

この段階では、ロールレタリング後、生徒たちはクラスの仲間に対して、寛容的・親和的態度で接するようになってきました。「私→自然教室の班員へ」「私→合唱コンクールのリーダーへ」というロールレタリングでは、時折、目を閉じて仲間のことを考えるしぐさを見せながら熱心にノートに向かっていました。
　他者の気持ちをくみ取る段階後、H男はリーダーと仲間をつなぐコーディネーター役となりました。

　今回、ロールレタリングを計画的に長期にわたって実施し、生徒のメンタルヘルスを促進させていきました。
　これまでの生徒指導は「対処療法」中心の指導でしたが、これからは、児童生徒一人ひとりの人間性の発達を促す「予防・開発」中心の指導・援助が求められています。日々の地道な実践によって、さまざまな問題行動を起こす前に食い止め、子どもたちが持っている能力を最大限に引き出し、より良い方向へと導いていくことこそ生徒指導の本質と言えます。

第3章　実践編

> **実践③** ロールレタリングとエゴグラムで
> 保健室登校生徒へアプローチ

　学校に来ても教室に行かずに保健室で過ごす「保健室登校」の児童生徒が増えています。日本学校保健会の2006年度全国調査によると、公立小中高等学校のいずれでも増加し、1000人当たり小学校では2.0人、中学校では6.6人、高校では2.8人に上り、特に高校では、5年間で2倍に増加しているとのことです。
「友だちとちょっとした行き違いで教室に行けなくなった」「みんなと一緒に勉強することについていけなくなった」など、教室でのストレスから「駆け込み寺」として保健室に来室する子どもが増えてきています。こうした子どもたちへの教育や心のケアをどう進めるかが、今日、学校教育現場では新たな課題となっています。
　ここでは、ロールレタリングとエゴグラムを併用し、保健室登校生徒のストレスを発散させ、自己への気づきから自我の向上を図り、教室登校への足がかりとしていく実践を紹介します。
　Ｉ男は、12歳の中学校１年生の男子生徒です。両親、祖父母から大切に育てられ、幼少のころから、オルガン、習字、水泳、サッカーなど数多くの習い事をしていました。
　頑固な面を持ち、周りの言うことに素直に従わず、わざと指

示に反発する傾向も見られました。身体状況は良好ですが、精神的には不安定で、イライラしたときや不安を感じたときに起こる腹痛や頭痛に悩まされていました。そのようなときには妹に当たったり、壁などをたたいたりけったりすることもありました。

　また同学年の仲間とコミュニケーションを取ることが苦手であり、面倒だという思いが感じられました。幼少のころ、習い事が多すぎたために、同年代の子どもたちと遊んだりつき合ったりするギャングエイジ（子どもが成長する過程で、小学校高学年のころに集団で遊びやいたずらをする時期）の体験が不足していることが考えられます。

　保健室登校は、中学１年生の５月下旬より始まったものですが、入学式の翌日からそれまでは家に閉じこもっていました。６月下旬からは、午前中のみ登校し、得意な数学やサッカーがある体育の授業はクラスの仲間と授業を受けていました。また、学校行事には渋々でしたが参加していました。

指導・援助計画

　図6は、ロールレタリング実施前のⅠ男のエゴグラムです。典型的な「V字型」で、ストレスをため込みやすい過剰適応タイプです。ＣＰが高いことで、批判力、不満は十分に持っているにもかかわらず、高いＡＣと低いＦＣによって周囲の顔色をうかがってしまい、思うように自己主張ができないでいると考えられます。そしてその抑圧されたエネルギーが、Ⅰ男の腹痛や頭痛に現れているものと思われます。

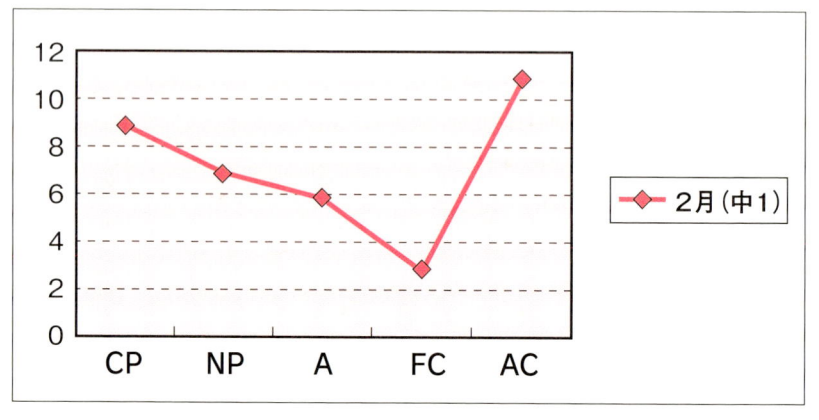

図6．ロールレタリング実施前のエゴグラム

そこで第1章で述べたように、一番低い箇所であるＦＣを高めると同時に、「心的エネルギー一定の法則」によってＡＣを下げることにしました。ロールレタリングで自然の感情を発散させ、その後、教室復帰へ向け、自分を受け入れたり、自分の成長を確認したりできる指導・援助を行いました。

　以下のような3段階に分けたロールレタリングによるアプローチを行い、各段階のねらいに応じて、テーマなどの工夫を試みました。

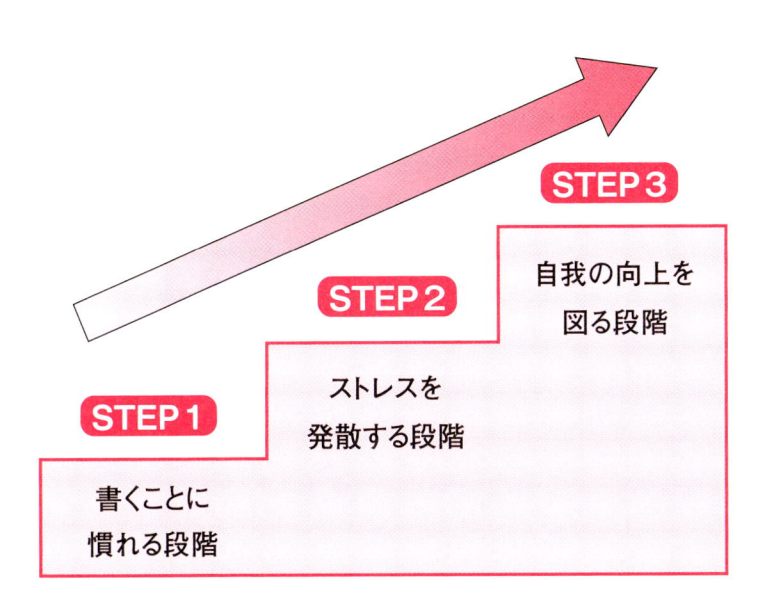

STEP1　書くことに慣れる段階
STEP2　ストレスを発散する段階
STEP3　自我の向上を図る段階

STEP1　書くことに慣れる段階

```
2月1日　　　　　…第1回エゴグラム実施
2月2日（1回目）…「私→先生への手紙」
2月3日（2回目）…「私→とんでもないのどのいたみへの手紙」
2月6日（3回目）…「私→お父さん、お母さんへの手紙」
2月9日（4回目）…「私→J男君への手紙」
2月14日（5回目）…「私→お父さん、お母さんへの手紙」
2月17日（6回目）…「お父さん、お母さん→私への手紙」
2月20日（7回目）…「私→モノ（壁）への手紙」
2月23日（8回目）…「モノ（壁）→私への手紙」
2月26日（9回目）…「私→生徒指導（サッカー部の顧問）の先生への手紙」
2月28日（10回目）…「生徒指導（サッカー部の顧問）の先生
　　　　　　　　　　→私への手紙」
3月5日（11回目）…「私→クラスのみんなへの手紙」
3月8日（12回目）…「クラスのみんな→私への手紙」
3月12日（13回目）…「私→養護の先生への手紙」
3月14日（14回目）…「養護の先生→私への手紙」
3月17日（15回目）…「私→お父さんへの手紙」
3月19日（16回目）…「お父さん→私への手紙」
3月21日（17回目）…「私→学年の先生への手紙」
3月23日（18回目）…「学年の先生→私への手紙」
```

第3章　実践編

Point
- ロールレタリングの目的（ストレス発散）や方法（①何を書いても自由、②だれにも見せない、③ノートは鍵のついた箱に保管）を説明
- 最初の4回はⅠ男の希望したものをテーマに設定（往信のみ）
- 5回目以降は教師がテーマを提示し往復書簡を開始
- 7、8回目は気に入らないことがあると物に当たるⅠ男の傾向を踏まえ、「物」をテーマに設定
- ロールレタリングのノートを「心のノート」と名づけ、鍵はⅠ男と養護教諭で所持

　1回目のロールレタリングはⅠ男が希望した「私→先生への手紙」というテーマで行ったため、ノートを渡すとすぐに筆記具を取り出して書き始めました。ノートに向かっている途中のⅠ男は、教師に対する不満を声に出しながら書いていました。手紙の内容も自分の感情を思いっきり表現していることがわかります。

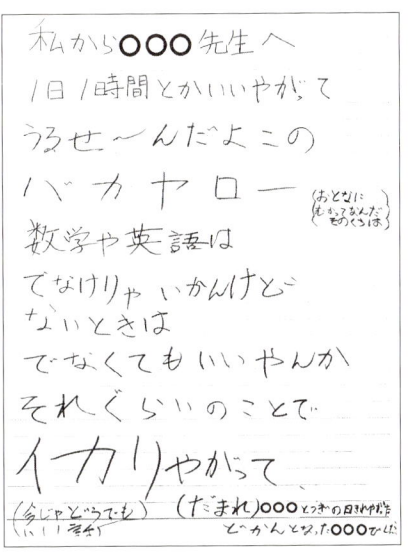

資料8．1回目「私→先生への手紙」

以後4回目までは一方的な往信のみの形式で、書きたい人に書けるように自分でテーマを考えさせたので、楽しくロールレタリングに向かっていました。また、「このノートは面白い」という感想を述べており、この段階で、ロールレタリングを「書く」ことに慣れてきたと思われます。

　以前I男の母親が「I男はイライラしたときに壁や物に当たって心配です」ということを担任に相談していたので、ロールレタリングが進んだ段階の7回目、8回目に「私→モノへの手紙」、「モノ→私への手紙」というテーマで実施しました。「私→モノへの手紙」では、命のないサッカーボールや壁などの物に対して問いかけ、自分が行った行為を謝罪していることがわかります。「モノ→私への手紙」では、物の立場に立ってI男自身に訴えており、かっこ書きで反論するなど物と対話する姿が見られました。このことから、物という物性に対しても感情移入的理解を深めることができ、感性が育っていくことが期待できます。

第3章 実践編

資料9．7回目「私→モノへの手紙」

> 私→モノへ
> サッカーボールよ
> 雨の中においてたり
> パンクさせてしまっていた
> すまない……。
> カベへよ。
> けっとばして
> なぜこわれる
> あんなんでこわれ
> ちゃったじゃないか
> 理由(イカリ)が90%に
> たってジャナイ(言ってもないが)
> けどんけど…。
> すまない
> でも あんまりにももろすぎ

資料10．8回目「モノ→私への手紙」

> モノ→私
> 自分ちの家だといって ーカベバージョンー
> カベをぶっこわしているんじゃねえぞ
> はらがたったぐらいで
> こわれたらなかなか
> なおんねー そ〇〇〇(うらむ)
> ボール バージョン
> 外におきざりにしたり
> してやがって
> おれはさむいのに
> パンクはカベにぶつけ
> たりしたか。外において
> くうきぬけてあなが
> あいたか。次からきおつける
> 〇〇〇(うらむ、家くにいれてやったろうが)

第3章 実践編

STEP2　ストレスを発散する段階

4月10日（19回目）…「私→頭のいたみへの手紙」（自発的に）

4月17日（20回目）…「2年生になった私→お母さんへの手紙」

4月18日（21回目）…「お母さん→2年生になった私への手紙」

4月18日（22回目）…「私→歓迎遠足への手紙」（自発的に）

4月19日（23回目）…「2年生になった私→お父さんへの手紙」

4月20日（24回目）…「お父さん→2年生になった私への手紙」

4月21日（25回目）…「2年生になった私→生徒指導の先生への手紙」

4月21日（26回目）…「生徒指導の先生→2年生になった私への手紙」

4月23日（27回目）…「2年生になった私→養護の先生への手紙」

4月24日（28回目）…「養護の先生→2年生になった私への手紙」

4月24日（29回目）…「2年生になった私→担任の先生への手紙」（自発的に）

4月25日（30回目）…「私→おじいちゃんへの手紙」

4月26日（31回目）…「おじいちゃん→私への手紙」

4月26日（32回目）…「担任の先生→私への手紙」（自発的に）

4月27日（33回目）…「私→おばあちゃんへの手紙」（自発的に）

5月7日（34回目）…「私→おじいちゃんへの手紙」（自発的に）

5月22日（35回目）…「私→生徒指導の先生への手紙」（自発的に）

5月23日（36回目）…「生徒指導の先生→私への手紙」（自発的に）

5月30日（37回目）…「私→お母さんへの手紙」

6月2日（38回目）…「お母さん→私への手紙」

6月2日（39回目）…「私→お父さんへの手紙」
6月2日（40回目）…「お父さん→私への手紙」
6月15日（41回目）…「先生→私への手紙」（自発的に）
6月15日（42回目）…「私→先生への手紙」（自発的に）
6月20日（43回目）…「私→職場体験の方への手紙」
6月20日（44回目）…「職場体験の方→私への手紙」

Point

- 教師がテーマを提示するとき以外でも自由に「心のノート」を書かせる
- 自発的に「心のノート」を書いたときは、その後の気持ちを共感的に聞く

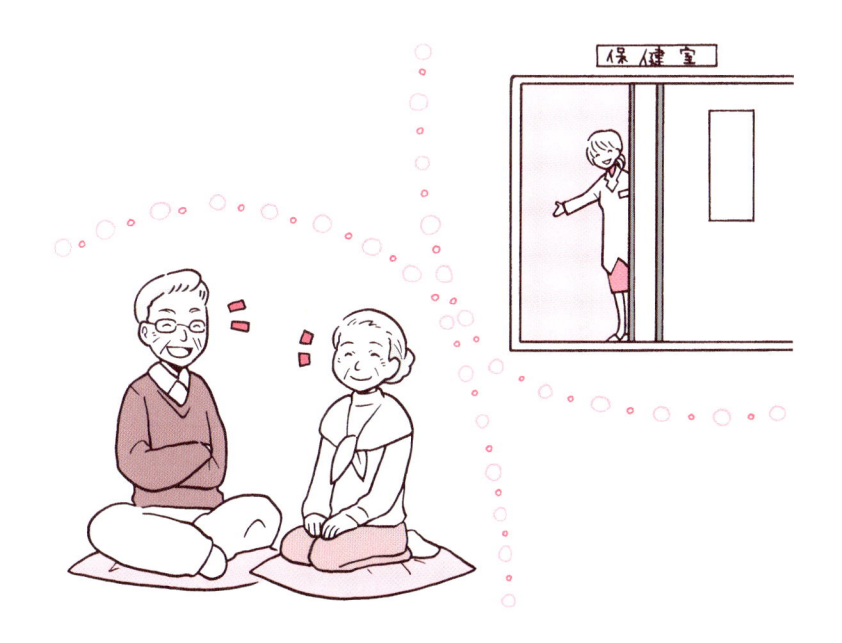

第3章　実践編

　STEP2では、いつでも、だれにあてて書いてもよいと、ロールレタリングを自由に実施できるようにしました。19回目の「私→頭のいたみへの手紙」というテーマはI男が自由に書いたもので、父母からささいなことで注意され、そのストレスから来ると思われる頭の痛みについてのもどかしさやいらだちを表現していることがよくわかります。

資料11. 19回目「私→頭のいたみへの手紙」

　学年行事を休んだことを教師から厳しく注意を受けた後、すぐにノートを取り出して41回目、42回目のロールレタリングを自ら実施しました。「先生→私への手紙」、「私→先生への手紙」というテーマで、通常のロールレタリングの順番を逆にして、イカリバクハツノートと題して、担任教師への謝罪の念から来る思いを、担任教師に成り代わって思いっ切りノートに訴え、ストレスを発散していました。ノートを書き終えた後、I男は、養護教諭に「あ～なんかスッキリした」と述べ、すがすがしい表情を見せていました。このようにして、自発的にロール

レタリングを10回行いました。
　Ｉ男は、ロールレタリングでストレスの発散方法を探し出したことがうかがえます。ロールレタリングはＩ男にとって、なくてはならないものとなり、「心のノート」は２冊目になりました。

資料12. 41回目「先生→私への手紙」　　資料13. 42回目「私→先生への手紙」

第3章　実践編

STEP3　自我の向上を図る段階

6月25日（45回目）…「私→小学校時代の私への手紙」
6月26日（46回目）…「小学校時代の私→私への手紙」
6月27日（47回目）…「担任の先生→私への手紙」（自発的に）
6月27日（48回目）…「私→担任の先生への手紙」（自発的に）
6月29日（49回目）…「小学校時代の私→小学校のときのお父さん、
　　　　　　　　　　お母さんへの手紙」
6月30日（50回目）…「小学校のときのお父さん、お母さん→小学校
　　　　　　　　　　時代の私への手紙」
7月2日（51回目）…「私→学校掲示を作製した私への手紙」
7月5日（52回目）…「学校掲示を作製した私→私への手紙」
7月10日（53回目）…「私→草取りをした花壇の花への手紙」
7月11日（54回目）…「草取りをした花壇の花→私への手紙」
7月13日（55回目）…「私→担任の先生への手紙」
7月16日（56回目）…「担任の先生→私への手紙」
7月19日（57回目）…「私→山を登る前の私への手紙」
7月20日（58回目）…「山を登る前の私→私への手紙」
7月21日　　　　　…第2回エゴグラム実施
7月21日　　　　　…ロールレタリングの感想

Point

- これまでの自分自身を振り返るようなテーマを設定
- 学校掲示の作製や、花壇の草取りなどの作業療法を通して担任教師との信頼関係を形成
- 作業療法とロールレタリングを関連させる